本书为2022年贵州省教育科学规划课题重点课题成果，课题编号：2022A025。

光明社科文库
GUANGMING DAILY PRESS:
A SOCIAL SCIENCE SERIES

·教育与语言书系·

劳动育人家校协同育人探索

段高莉　白　桦 | 著

光明日报出版社

图书在版编目（CIP）数据

劳动育人家校协同育人探索 / 段高莉，白桦著. --
北京：光明日报出版社，2024.2
ISBN 978-7-5194-7825-4

Ⅰ.①劳… Ⅱ.①段… ②白… Ⅲ.①劳动课—教学研究—中小学 Ⅳ.①G633.932

中国国家版本馆 CIP 数据核字（2024）第 052277 号

劳动育人家校协同育人探索
LAODONG YUREN JIAXIAO XIETONG YUREN TANSUO

著　　者：段高莉　白　桦	
责任编辑：史　宁	责任校对：许　怡　董小花
封面设计：中联华文	责任印制：曹　净

出版发行：光明日报出版社
地　　址：北京市西城区永安路 106 号，100050
电　　话：010-63169890（咨询），010-63131930（邮购）
传　　真：010-63131930
网　　址：http://book.gmw.cn
E - mail：gmrbcbs@gmw.cn
法律顾问：北京市兰台律师事务所龚柳方律师
印　　刷：三河市华东印刷有限公司
装　　订：三河市华东印刷有限公司

本书如有破损、缺页、装订错误，请与本社联系调换，电话：010-63131930

开　　本：170mm×240mm	
字　　数：194 千字	印　张：14
版　　次：2024 年 2 月第 1 版	印　次：2024 年 2 月第 1 次印刷
书　　号：ISBN 978-7-5194-7825-4	
定　　价：89.00 元	

版权所有　　翻印必究

序

　　劳动是创造物质财富和精神财富的过程，是人类特有的基本社会实践活动。劳动教育是发挥劳动的育人功能，对学生进行热爱劳动、热爱劳动人民的教育活动。劳动育人是新时代党对中小学校教育的新要求，是中国特色社会主义教育制度的重要内容，是全面发展教育体系的重要组成部分，是大中小学必须开展的教育活动。2020年3月，中共中央、国务院印发《关于全面加强新时代大中小学劳动教育的意见》（以下简称《意见》），为劳动教育提供了根本遵循。2020年7月，教育部关于印发《大中小学劳动教育指导纲要（试行）》的通知（教材〔2020〕4号），将劳动素养纳入学生综合素质评价体系。2022年1月，《中华人民共和国家庭教育促进法》开始实施，进一步强调了开展劳动教育是家庭职责之一，同时明确了学校、国家、社会的各自责任。2022年3月，教育部正式印发《义务教育劳动课程标准（2022年版）》，劳动课正式成为中小学的一门独立课程。这些政策紧锣密鼓地出台，说明对中小学生开展科学、有效、合理的劳动教育具有突出的现实意义和时代价值。

　　中小学校通过劳动教育使中小学生理解和形成马克思主义劳动观，体会劳动创造美好生活，体认劳动不分贵贱；养成热爱劳动，尊重普通劳动者的良好习惯，培养勤俭、奋斗、创新、奉献的劳动精神；历练满足生存发展需要的基本劳动能力，形成良好劳动习惯，劳动育人取得了显著成效。曾几何时，因为中小学校育人目标中劳动教育的缺失和家庭劳动教育的严重缺位，导致中小学生劳动教育被淡化，劳动技能弱化，劳动意识缺乏，劳动价值观念错位。中小学生甚至出现害怕劳动、恐惧劳动、逃避劳动、不会劳动等问题，劳动积极性不高，他们进入社会后出现了极强的不适应性等症状。这些问题的解决，需要"加强政府统筹，拓宽劳动教育途径，整合家庭、学校、社会各方面力量。"但是，家庭、学校作为独立的系统，只有思想上达成共识、内容上实现共振、行动上保持共进，才能构建中小学校劳动育人家校协同教育机制。新时代如何形成中小学校劳动育人的家校协同呢？《劳动育人家校协同育人探索》一书正是顺应新时代中小学校劳动育人家校协同教育改革与发展的时代诉求的积极回应。

《劳动育人家校协同育人探索》一书站在新时代的背景下，立足于中小学校劳动育人家校协同教育改革与发展实际，从新时代中小学校劳动育人的本质意蕴出发，在深入开展劳动教育的价值考察并梳理劳动教育发展脉络的基础上，探究了新时代中小学校劳动育人家校协同教育的现状，并分析了当前存在的各种问题及其成因。在此基础上，该书结合《大中小学劳动教育指导纲要（试行）》《关于全面加强新时代大中小学劳动教育的意见》《中华人民共和国家庭教育促进法》以及《义务教育劳动课程标准（2022年版）》等中共中央、国务院最新政策文件并结合实际，尝试构建新时代中小学校劳动育人家校协同教育体系。该书提出，通过塑造劳动育人家校协同教育价值理念、构建劳动育人"家校协同教育体"系统工程以及完善劳动育人家校协同教育保障体系构建新时代中小学校劳动育人家校协同教育模式，为推动新时代中小学校劳动育人家校协同教育提供了有益的参考和借鉴。我们相信，随着本书的出版和传播，新时代中小学校劳动育人家校协同教育将会受到重视并发挥其应有的积极推动作用。我们更期待，广大中小学校劳动教育工作者不忘初心、牢记使命，积极投身于新时代中小学校劳动育人家校协同教育的洪流中去，为更好地推动中小学校劳动育人家校协同教育、促进中小学生德智体美劳全面发展作出新的贡献。

  该研究成果不仅是作者长期对中小学劳动教育的关注和研究的结果，而且也是作者利用工作之余倾注心血和汗水浇灌的成果。我们也有充分的理由相信，作者在教书育人的事业上会继续做出更多的努力并取得更好的成果。

  是为序！

2023 年 12 月 13 日于花溪

目 录
CONTENTS

第一章　新时代中小学校劳动育人概述 …………………………… **1**
　第一节　中小学校劳动育人背景 …………………………………… 1
　第二节　劳动教育历史发展演进 …………………………………… 7
　第三节　中小学校劳动育人价值 …………………………………… 26
　第四节　新时代中小学校劳动育人内容体系 ……………………… 30

第二章　新时代中小学校劳动育人理论的发展与创新 ………… **49**
　第一节　概念辨析 …………………………………………………… 49
　第二节　劳动育人的理论基础 ……………………………………… 59
　第三节　家校协同的理论基础 ……………………………………… 68

第三章　新时代劳动教育融入中小学校育人体系 ……………… **74**
　第一节　新时代劳动教育的育人目标 ……………………………… 75
　第二节　新时代劳动教育的育人内容 ……………………………… 80
　第三节　新时代中小学校劳动育人原则 …………………………… 99

第四章　新时代中小学校劳动育人家校协同教育现状分析 …… **106**
　第一节　新时代中小学校劳动育人家校协同教育取得成绩 ……… 106

第二节　新时代中小学校劳动育人家校协同教育存在问题 …………… 111
　　第三节　新时代中小学校劳动育人家校协同教育问题分析 …………… 118

第五章　新时代中小学校劳动育人家校协同教育模式构建 ……………… 130
　　第一节　塑造劳动育人家校协同教育价值理念 …………………………… 131
　　第二节　构建劳动育人"家校协同教育体"系统工程 ………………… 139
　　第三节　完善劳动育人家校协同教育保障体系 …………………………… 148

第六章　新时代中小学校劳动育人家校协同教育实践活动 ……………… 155
　　第一节　劳动育人家校协同教育实践指导 ………………………………… 155
　　第二节　劳动育人家校协同教育主题活动 ………………………………… 169

附录一　中共中央、国务院关于全面加强新时代大中小学
　　　　劳动教育的意见 ……………………………………………………… 175

附录二　大中小学劳动教育指导纲要（试行）………………………………… 182

主要参考文献 …………………………………………………………………… 197

第一章

新时代中小学校劳动育人概述

2018年9月,习近平总书记在全国教育大会上明确指出,"要培养德智体美劳全面发展的社会主义建设者和接班人",并特别强调:"要在学生中弘扬劳动精神,教育引导学生崇尚劳动、尊重劳动,懂得劳动最光荣、劳动最崇高、劳动最伟大、劳动最美丽的道理,长大后能够辛勤劳动、诚实劳动、创造性劳动"[①] 习近平总书记的重要讲话,高扬了劳动育人的旗帜,丰富发展了党的教育方针,具有重大的时代价值和鲜明的现实针对性,也对新时代中小学校劳动育人家校协同教育提出了新任务、新要求以及新课题。

第一节 中小学校劳动育人背景

党的十八大以来,习近平总书记立足新时代历史方位,明确提出构建德、智、体、美、劳全面培养的教育体系,要求把劳动育人纳入培养社会主义建设者和接班人的总体要求之中。习近平总书记关于劳动育人的系列重要论述,是对马克思主义劳动观的时代阐释与最新发展,具有重大的时代价值和鲜明的现实针对性,体现了党和国家对新时代中小学校人才培养

---

① 习近平. 坚持中国特色社会主义教育发展道路培养德智体美劳全面发展的社会主义建设者和接班人[N]. 人民日报,2018-09-11(1).

质量的新要求,同时也为新时代中小学校劳动育人家校协同教育提供了行动指南和根本遵循。

一、落实立德树人根本任务的重要途径

坚持办学正确政治方向是前提和保证,坚持办学政治方向就是要坚持社会主义办学方向,全面贯彻党的教育方针,坚持党对中小学校的领导。历史一再证明,培养什么样的人、如何培养人以及为谁培养人,事关党和国家的前途命运。2014年5月,习近平总书记在考察北京市海淀区民族小学时,要求社会主义核心价值观教育要从少年儿童抓起,并且提出,"在少年儿童中培育和践行社会主义核心价值观,要适应少年儿童的年龄和特点,主要是要做到记住要求、心有榜样、从小做起、接受帮助"[①]。中小学校要把社会主义核心价值观教育贯穿教育教学全过程,根据中小学生特点和成长规律,循循善诱,春风化雨,让社会主义核心价值观的种子在中小学生心中生根发芽,引导广大师生做社会主义核心价值观的坚定信仰者、积极传播者、模范践行者。2015年6月,习近平总书记在会见中国少年先锋队第七次全国代表大会代表时寄语全国各族少年儿童时指出,"要从小学习做人,要学会做人的准则,就要学习和传承中华民族传统美德,学习和弘扬社会主义新风尚,热爱生活,懂得感恩,与人为善,明礼诚信,争当学习和实践社会主义核心价值观的小模范"[②]。2018年5月,习近平总书记同北京大学师生座谈并发表重要讲话,提出"坚持办学正确政治方向"[③],"我国社会主义教育就是要培养社会主义建设者和接班人"的观点[④]。习近平总书记关于坚持立德树人的重要论述,为构建习近平新时代

---

① 习近平在北京市海淀区民族小学主持召开座谈会时的讲话[N]. 人民日报,2014-05-31(1).
② 习近平在会见中国少年先锋队第七次全国代表大会代表时寄语全国各族少年儿童强调美好的生活属于你们美丽的中国梦属于你们[N]. 人民日报,2015-06-02(1).
③ 习近平. 习近平在北京大学师生座谈会上的讲话[M]. 北京:人民出版社,2018:5.
④ 习近平. 习近平在北京大学师生座谈会上的讲话[M]. 北京:人民出版社,2018:5.

中国特色社会主义劳动育人体系、发挥劳动育人在立德树人中的重要作用指明了方向。育人的根本在于立德，这是人才培养的辩证法。习近平总书记反复强调立德树人作为根本任务深刻揭示了育人和育才辩证统一的关系，即育人为本，育德为根。

劳动育人是实现立德树人根本任务的重要途径，中小学校要毫不动摇地把劳动育人纳入人才培养全过程，形成劳动育人的人才培养体系。劳动育人的目的不仅仅是引导中小学生完成理论的学习，而且是要激发中小学生内心深处的自觉认知，也就是要把树立和弘扬劳动价值观作为一种自由自觉的能动性活动。中小学校要深入贯彻落实习近平总书记关于劳动育人的系列重要论述，深刻领会新时代劳动育人的丰富内涵和重大意义。通过劳动育人帮助中小学生树立马克思主义劳动观，厚植劳动情怀，培养匠心精神，引导中小学生发自内心地认同劳动、尊重劳动、热爱劳动，努力成长为具备工匠精神的高素质劳动者和专业人才。新的时代，新的要求，站在新的战略高度，劳动育人在立德树人中被赋予了新的时代内涵和历史使命，在中小学校发展和社会主义现代化建设者和接班人培养中具有重要而深远的意义。同时，加强新时代中小学校劳动育人，要把劳动育人与践行社会主义核心价值观有机结合起来。劳动是社会主义核心价值观形成和认同的现实基础、实践根基，劳动精神内蕴社会主义核心价值观的基本追求。劳动育人是践行社会主义核心价值观的载体和途径。新时代的劳动精神，尤其是劳模精神、工匠精神、创造精神，是社会主义核心价值观的现实呈现和具体实践。因此，从出发点、目的、实现路径等方面来看，劳动育人与践行社会主义核心价值观具有内在的一致性。中小学校是培育和传播社会主义核心价值观的主阵地，要把劳动育人和践行社会主义核心价值观有机结合起来，在自觉弘扬和践行社会主义核心价值观中培育弘扬劳动精神、传播马克思劳动价值观，从而促进社会主义核心价值观的高度认同与自觉践行。

二、促进中小学生全面发展的现实需要

"培养什么人、怎样培养人",是我国社会主义教育事业发展中必须解决好的根本问题。正确认识和切实解决好这个问题,事关党和国家的长治久安,事关中华民族的前途命运。对此,毛泽东同志提出了培养造就千百万社会主义事业接班人的战略任务,他深刻指出:"我们的教育方针,应该使受教育者在德育、智育、体育几方面都得到发展,成为有社会主义觉悟的有文化的劳动者。"① 邓小平同志也反复强调,"青少年是祖国的未来,一定要教育好我们的后代,培养造就有理想、有道德、有文化、有纪律的具有社会主义觉悟的一代新人"②。江泽民同志多次指示:"正确引导和帮助青少年学生健康成长,使他们能够德智体美全面发展,是一个关系我国教育发展方向的重大问题。"③ 我国是中国共产党领导的社会主义国家,这就决定了我们的教育必须把培养社会主义建设者和接班人作为根本任务,培养一代又一代拥护中国共产党领导和我国社会主义制度,立志为中国特色社会主义事业奋斗终生的有用人才。习近平总书记在2018年全国教育大会上全面总结了党的十八大以来教育改革发展实践中形成的新理念、新思想、新观点,并围绕"培养什么人、怎样培养人、为谁培养人"这一根本问题做出了重大战略部署,为加快推动育人现代化指明了方向目标,提供了根本遵循。党的十八大以来,我们围绕"培养什么人、怎样培养人、为谁培养人"这一根本问题,全面加强党对教育工作的领导,坚持立德树人,加强中小学校思想政治工作,推进教育改革,加快补齐教育短板,教育事业中国特色更加鲜明,教育现代化加速推进,教育方面人民群众获得感明显增强,我国教育的国际影响力加快提升,人民的思想道德素质和科学文化素质全面提升。

---

① 毛泽东文集:第七卷 [M]. 北京:人民出版社,1999:226.
② 十六大以来重要文献选编:中 [M]. 北京:中央文献出版社,2006:632.
③ 江泽民文选:第二卷 [M]. 北京:人民出版社,2006:587.

在构建德智体美劳全面培养的教育体系中，将教育与劳动相结合开展新时代劳动育人，具有独特的育人价值。马克思指出："为改变一般人的本性，使它获得一定劳动部门的技能和技巧，成为发达的和专门的劳动力，就要有一定的教育或训练。"① 2020年3月，中共中央、国务院印发《关于全面加强新时代大中小学劳动教育的意见》（以下简称《意见》）明确指出，"劳动教育是国民教育体系的重要内容，是学生成长的必要途径，具有树德、增智、强体、育美的综合育人价值"②。要开展"以日常生活劳动、生产劳动和服务性劳动为主要内容开展劳动教育"③。《意见》还要求中小学校在日常生活劳动育人方面，让中小学生注重抓住衣食住行等日常生活中的劳动实践机会，主动分担家务，掌握洗衣、做饭等必要的家务劳动技能，养成爱劳动的好习惯。在服务性劳动育人方面，强调让中小学生参加校内外公益劳动、志愿服务，培育公共服务意识，使中小学生具有面对重大疫情、灾害等危机主动作为的奉献精神，参与社区治理。在生产劳动育人方面，强调让中小学生参加力所能及的生产劳动，丰富职业体验，提高职业技能水平，培育中小学生精益求精的工匠精神和爱岗敬业的劳动态度，提升就业创业能力。加强新时代中小学校劳动育人，这不仅有利于中小学生树立正确的劳动价值观，培养劳动态度，养成良好的劳动习惯，提升劳动技能和本领，还有利于中小学生在体味艰辛、挥洒汗水中启迪心灵、开启心智，在艰苦奋斗、顽强拼搏中强健体魄、磨炼意志，养成认真敬业、自信自律的心理素质，从而形成健全完善的人格，使中小学生成为德智体美劳全面发展的有思想有觉悟的劳动者。

---

① 中共中央马克思恩格斯列宁斯大林著作编译局. 马克思恩格斯选集：第2卷 [M]. 北京：人民出版社，2001：166.
② 中共中央国务院关于全面加强新时代大中小学劳动教育的意见 [N]. 人民日报，2020-03-27（1）.
③ 中共中央国务院关于全面加强新时代大中小学劳动教育的意见 [N]. 人民日报，2020-03-27（1）.

三、实现中华民族伟大复兴的客观要求

劳动不仅创造了人类，而且创造了社会，并推动社会历史的车轮滚滚向前发展。中华民族在几千年的漫漫古道中前行至今，靠的就是勤劳勇敢、务实重行、开拓奋进、百折不挠的精神，这种精神激励着一代又一代中华儿女不断进取、奋发图强，使中国人民实现了从"站起来"到"富起来"再到"强起来"的伟大飞跃。可以说，尊重劳动、倡导劳动、保护劳动，是社会主义社会先进性的显著标志；勤奋劳动、诚实劳动、创造性劳动是社会主义国家劳动者的鲜明特征。①"坚持把服务中华民族伟大复兴作为教育的重要使命"是新时代党和国家对教育使命的新论断。"育才造士，为国之本"。在实现中国梦的伟大征程中，教育事业承担着提供接续不断人才保障和智力支持，承担着培育合格建设者和可靠接班人的职责。以习近平同志为核心的党中央，以恢宏的理论勇气和卓绝的政治智慧，描绘了中国梦的宏伟蓝图，确立了中国人民的奋斗目标。习近平总书记在党的十九大报告中指出，"我们比历史上任何时期都更接近中华民族伟大复兴的目标，比历史上任何时期都更有信心、更有能力实现这个目标"②。但我们也应该清醒地认识到，在实现中华民族伟大复兴中国梦的征程中，幸福不会从天而降，梦想不会自动成真。"中华民族伟大复兴，绝不是轻轻松松、敲锣打鼓就能实现的。全党必须准备付出更为艰巨、更为艰苦的努力"③。这些重要论断深刻阐释了劳动创造的哲学意义，揭示了劳动发展的本质所在，继承和发展了马克思主义劳动思想，重申和强调了劳动之于社会发展的历史价值和重要意义，勾勒出了中国特色社会主义伟大事业的实践路径，并赋予了丰富的时代内涵，成为习近平新时代中国特色社会主义思想

---

① 刘向兵，李珂，彭维锋. 深刻理解新时代加强劳动教育的重大意义与现实针对性[J]. 中国高等教育，2018（21）：4-6.
② 习近平. 习近平谈治国理政：第一卷[M]. 北京：外文出版社，2014：35.
③ 习近平. 习近平谈治国理政：第三卷[M]. 北京：外文出版社，2020：12.

的重要组成部分。

新时代劳动育人，在引导新时代中小学生饱览祖国大好河山的同时，了解祖国发展，感悟祖国的繁荣强大，在参与生产劳动活动中，自觉把人生理想、责任担当融入国家富强、民族复兴的伟业之中，把个人梦与中国梦紧密结合起来。[①] 自觉建构个人与集体、小家与国家、个人梦与中国梦融合统一的发展共同体和命运共同体。加强新时代中小学校劳动育人，是中国共产党深化广大劳动人民群众感情、扎根中国大地、实现发展壮大的经验总结，是习近平新时代中国特色社会主义的本质要求，也是实现中华民族伟大复兴的客观需要。

第二节　劳动教育历史发展演进

劳动教育是人类教育的重要组成部分，它伴随着教育的产生而产生，伴随着人类教育的发展而发展，在培养全面发展的人、进而推动人类社会进步的过程中发挥了不可替代的作用。马克思指出，教育与生产劳动相结合"是提高社会生产的一种方法"和"造就全面发展的人的唯一方法"。[②] 纵观劳动教育历史发展演进，它大致可以划分为三个阶段，分别为古代劳动教育、近代劳动教育和现代劳动教育。每个阶段的劳动教育都是与当时人类社会的经济、政治、文化和科技发展紧密联系的，每个阶段的劳动教育都有自己的内涵与特点。

一、古代劳动教育萌芽

古代劳动教育是在做中学，是在劳动中向师傅或长者模仿，通过劳动

[①] 习近平同全国劳动模范代表座谈时强调：充分发挥工人阶级主力军作用依靠诚实劳动开创美好未来 [N]. 人民日报，2013-04-29 (1).
[②] 中共中央马克思恩格斯列宁斯大林著作编译局. 马克思恩格斯全集：第23卷 [M]. 北京：人民出版社，1972：530.

积累劳动经验，形成劳动技能，间或由师傅进行指点。有时虽然也把它叫作劳动教学，但事实上是没有或很少有教学的劳动教学，是某种劳动训练。

(一) 学校的起源与劳动教育思想的古代萌芽

在原始社会末期，生产力得到了很大的发展，产生了剩余产品。剩余产品的出现为社会的分工提供了条件，社会分工又进一步促进了生产力的发展。逐渐地，社会分工从单纯的生产劳动领域扩大到了整个社会，出现了脑体分工，这使得一部分人从直接的生产劳动中脱离出来，专门从事社会管理和文化活动，作为文化重要组成部分的教育也逐渐演变为一种专门和固定的活动。在人类脑体分工的基础上，出现了阶级和国家，占统治地位的奴隶主阶级借助于国家机器对被统治的奴隶阶级进行管理，巩固自身经济基础和社会秩序，维护本阶级的利益。而要做到这一切，统治阶级需要有自己的各种国家机关和力量，如政府、军队、监狱等，也就是社会的上层建筑，其中还包括论证这种机关和力量的合理性的意识形态，这就需要大量的官员、军人和僧侣等。这些专业人员都需经过专门的培养和训练，这就产生了设立专门学校的需要。学校的出现除了上述的社会、经济和政治原因外，还有文化发展方面的原因。这主要表现在两个方面：第一，到了奴隶制社会，人类已经积累了大量的生产劳动经验和社会生活经验，且其中不少已经在漫长的岁月中被系统化、抽象化，形成了分门类的知识和学问，如天文、地理、水文、医学、数学、建筑等，对这些知识和学问客观上要求有专门的学校教育来传授。第二，伴随着人类生产劳动和社会生活经验的丰富，以及经验向知识的演变，在原始社会末期，已经产生了原始的文字。从以上的阐述中不难看出，学校教育是社会、经济、政治和文化发展的必然结果，而不仅仅是奴隶主阶级为维护自己政权的需要而设立的。

(二) 古代劳动教育思想

在古代，东西方文明古国都有比较明确地提出劳动教育思想的学者。

在中国，主要有墨子、颜元等；而在西方，主要有圣本尼迪克特、莫尔等劳动教育思想家。

1. 墨家学派的劳动教育思想

墨家学派创始人墨子非常重视生产劳动和技艺教育。作为一名技艺高超的"能工巧匠"，墨子直接从事生产，还要求弟子勤于生产，积极参加农业生产劳动，学会并掌握一定的生产技能和技术。对手工和工艺教育，墨子强调："凡天下群百工，轮车鞼匏，陶冶梓匠，使各从事其所能。"[①]墨家关于生产技术和技能教育的内容，主要包括农业生产技术、机械原理及其应用、建筑技术、军事防御守备等。因此，墨家比较注重对自然科学、生产技能、军事知识等的训练，推崇生产劳动教育。墨家在长期的生产劳动教育中积累了丰富的实践经验，他们把理想与现实结合起来，把知识与实际结合起来，把学习与实践结合起来，寓教于"事"，可以说是中国古代劳动教育的发端。特别是在比较轻视生产劳动和体力劳动、歧视劳动教育、百家争鸣的春秋战国时期，墨子的劳动教育思想无疑显示出独特的个性和强大的生命力。

2. 圣本尼迪克特的劳动教育思想

公元521年，意大利修道士圣本尼迪克特（Benedict of Nursing）在意大利的蒙特卡西诺建立了一座小修道院。在此期间，他制定了一个包括序言和七十三项条例的修道院规章，被后世称为"圣本尼迪克特法规"。这一法规使得修道院的生活组织化、制度化，为大部分修道院所接受。圣本尼迪克特法规规定了西欧修道院运行的基本规则和其中的生活方式，包括礼拜仪式、诵读和劳动，对西欧修道院制度的发展有极大的影响。他告诫人们"懒惰是灵魂的敌人"，劳动不仅是要修道士们依靠自己的双手生活，更重要的是，它是一种修道的手段。当时不仅修道院的僧侣、修女、生徒要抄写，而且主教、住持也亲自抄写，编撰书籍。大主教伊西多尔曾耗费

[①] 孙诒让. 墨子间诂[M]. 孙启治，点校. 北京：中华书局，2001：163.

十年时间,广泛收罗典籍,编著了一部二十卷本的百科全书式的著作——《词源学》。该书除了介绍教会史、《圣经》等宗教内容外,还包括"七艺"以及医学、法学、年代学、语言学、自然地理、农业等方面的知识。这部著作对中世纪文化的整理与保存、僧俗知识的传播与扩散具有极大的积极意义。显然,圣本尼迪克特把劳动作为修道院生活的一部分,人人都要参加生产劳动,劳动教育也就渗透其中了。

3. 莫尔的劳动教育思想

英国早期空想社会主义者托马斯·莫尔(Thomas More)主张劳动教育,这是他主张在乌托邦实行普遍义务劳动思想的逻辑结论。他写道:"乌托邦人不分男女都以务农为业。他们无不从小学农,部分是在学校接受理论,部分是到城市附近农庄上做实习旅行,有如文娱活动。他们在农庄上不只是旁观者,而是每当有体力劳动的机会,从事实际操作。"[1] 他又写道:"每人除我所说的都要务农外,还得自己各学一项专门手艺。这一般是毛织、麻纺、垃工、冶炼或木作。"[2] 此外,如果有人愿意多学一种,也可以获得允许。学会两种手艺之后,个人可根据自己的意愿和国家的需要,选择其中一种。在莫尔的乌托邦中,时常出现脑力劳动与体力劳动交替的情形。他写道:有些人"可以豁免(劳动),以便认真进行各科学术的研究。但是如果任何做学问的人辜负了寄托在他们身上的期望,就被调回去做工。相反,往往有这样的事,一个工人业余钻研学问,孜孜不倦,成绩显著,因而他可以摆脱自己的手艺,被指定做学问。"[3] 这种试图消灭体力劳动和脑力劳动对立、培养全面发展的人的初步设想,是莫尔劳动教育思想中最宝贵的财富。莫尔的劳动教育思想以及把教育与生产劳动结合起来的思想萌芽,一直影响着后来的空想社会主义者。欧文则将其付诸实践,力图证明它既是提高社会生产的方法,又是培养全面发展的人的

---

[1] 诺齐克. 无政府、国家与乌托邦 [M]. 北京:中国社会科学出版社,1991:55.
[2] 诺齐克. 无政府、国家与乌托邦 [M]. 北京:中国社会科学出版社,1991:56.
[3] 诺齐克. 无政府、国家与乌托邦 [M]. 北京:中国社会科学出版社,1991:59.

方法。

4. 颜元的劳动教育思想

明末清初教育家颜元是古代少有的重视生产劳动、重视农业知识与技术的学习、注重劳动在培养人才中的作用的学者。首先，颜元猛烈抨击宋明理学家"穷理居敬""静坐冥想"的主张，提倡生产劳动的价值，他认为人人都应该参加劳动。他说："上至天子，下至庶人，皆有所事，夙夜勤劳。"① 人人还应该乐于劳动，"甘恶衣粗食，甘艰苦劳动"②。他在制定的"习斋教条"中明确要求学生必须学习谷粮、水利等知识，并参加生产劳动。他说："凡为吾徒者，当立志学礼、乐、射、御、书、数及兵、农、钱、谷、水、火、工、虞。予虽未能，愿共学焉。"③ 他认为劳动具有德育的价值，他说："人心动物也，习于事则有所寄而不妄动，故吾儒时习时行，皆所以治心。"④ 同时，劳动还能使人勤勉，克服懒惰、疲飨。劳动教育还有强身健体的功能。颜元说："吾用力农事，不遑食寝，邪妄之念，亦自不起。"⑤ 劳动使人"筋骨站，气脉舒"，长此以往就"魂魄强"。尽管颜元把生产劳动视为人的生存之道、养生的途径、保持身体健康的措施，甚至可以作为一门学问来学习研究。但是，他始终认为"小人"学农、"士"学"君相、百官"，反映了其落后、封建的教育思想的局限性。

（三）古代劳动教育的特点

总体上讲，古代劳动教育从产生起就是面向人民大众的教育、面向贫民子女的教育，带有明显的体力劳动倾向。劳动教育存在于普通教育之中，甚至存在于一般的社会生活之中，没有独立形态的劳动教育，更没有比较正规的学校劳动教育。劳动教育的主要目的是生产更多物质产品，满

---

① 颜元. 颜元集 [M]. 北京：中华书局，1987：124.
② 颜元. 颜元集 [M]. 北京：中华书局，1987：104.
③ 颜元. 颜元集 [M]. 北京：中华书局，1987：113.
④ 颜元. 颜元集 [M]. 北京：中华书局，1987：646.
⑤ 颜元. 颜元集 [M]. 北京：中华书局，1987：632.

足人们生存、生活的需要。当然，也包含满足身体锻炼和健康的需要，或许还有少量的休闲娱乐的因素。

二、近代劳动教育发展

随着社会的不断发展进步，特别是工业革命与机器大工业生产时代的到来，劳动教育有了新的表现形态，产生了正规学校实施的劳动教育以及劳动教育课程。在此过程中，也产生了一大批劳动教育思想家，代表性的有洛克、卢梭和亚当·斯密等学者。

（一）近代劳动教育思想

随着资本主义的发展，劳动教育逐渐受到重视，思想家、教育家经常讨论到劳动教育问题。他们在理论著作中论述如何培养中小学生劳动精神和劳动技能的篇幅也逐渐增大。他们就劳动教育的地位、价值、作用以及如何实施等问题，也做了深入的探讨，提出了极富价值的见解，形成了丰富多彩的劳动教育思想。

1. 洛克的劳动学校计划与劳动教育思想

17世纪英国资产阶级哲学家约翰·洛克（John Locke）主张通过各种实践活动来培养和塑造孩子的习惯和禀性，以克服人的主观抽象性的恶性膨胀。在他看来，劳动同样是遏制人的主观抽象性、培养品质的基本途径。而勤劳就是乐于劳动，因此是人应当具有的最为重要的品质。1697年，洛克应邀参加英国政府的"贸易与殖民地委员会"并担任委员，他为该委员会拟定了《贫穷儿童学校计划》，建议每个教区建立一所劳动学校，要求领取救济金的贫困家庭把13~14岁的儿童送到学校学习。同时，儿童一律参加劳动，通过劳动来抵销自己的生活开支；教区的手工匠人可以根据需要从劳动学校中选雇学徒；那些在14岁前没有被雇用的儿童则通过订立契约，交给该区拥有大量土地的绅士、地主和农民收为学徒，直到23

岁为止。① 关于参加劳动和接受劳动教育的意义，洛克认为，"主要目的在使他利用一种有用的和健康的体力运用，去从别种比较正经的思想和工作中得到消遣而已"②。洛克提出的劳动学校计划当时虽然没有被广泛实施，但对18世纪后期英国教育产生了重要影响。显然，洛克为劳动人民子女设计了一种与绅士教育截然不同的教育，即劳动教育，主张为贫苦儿童设立劳动学校，使他们自食其力，同时也为其以后的劳动生涯奠定了基础。

2. 卢梭的劳动教育思想

18世纪法国大革命的思想先驱、启蒙运动代表人物卢梭（Jean-Jacques Rousseau）认为，少年时期的孩子，身体强壮起来，理性开始发育，对事物有了初步辨别的能力，并通过感官获得了一些经验，因此可以进行智育和劳动教育。他认为劳动教育使儿童的身体和双手得到锻炼，变得柔和与灵巧。假如一名儿童不会用双手劳动，那么其长大后只能是一个靠人养活的寄生虫。他说："劳动是社会的人不可豁免的责任。任何一个公民，无论他是贫或是富，是强或是弱，只要他不干活，就是一个流氓。"③ 可见劳动教育在发展儿童智力、体力，培养对劳动者感情方面具有重要作用。卢梭高度评价劳动教育对儿童智力开发的作用，他说："毫无疑问，一个人亲自这样取得的对事物的观念，当然是比从他人学来的观念清楚得多的；而且，除了不使他自己的理智养成迷信权威的习惯之外，还能够使自己更善于发现事物的关系，融会自己的思想和创制仪器，不至于别人说什么就相信什么。"④ 他又说："如果不叫孩子去啃书本，而是叫他在工场干活，则他的手就会帮助他的心灵得到发展：他将变成一个哲学家。"⑤ "如果到现在为止，我已经使人们懂得了我的意思，那大家就可以想象得出我是怎样在使我的学生养成锻炼身体和手工劳动的习惯的同时，

---

① 滕大春. 外国教育通史：第三卷 [M]. 济南：山东教育出版社，1992：63.
② 洛克. 教育漫话：第二版 [M]. 北京：人民教育出版社，1963：201.
③ 卢梭. 论教育 [M]. 北京：商务印书馆，1978：262.
④ 卢梭. 论教育 [M]. 北京：商务印书馆，1978：231.
⑤ 卢梭. 论教育 [M]. 北京：商务印书馆，1978：234.

在不知不觉中还培养了他爱反复思考的性情,……他必须像农民那样劳动,像哲学家那样思想,……教育的最大的秘诀是使身体锻炼和思想锻炼互相调剂。"① 可见,卢梭从培养"自然人"与"自由人"的目的出发,强调劳动和劳动教育。他把劳动教育视为培养"新人"不可缺少的途径,希望少年儿童通过参加生产劳动,一方面获得劳动的知识与技能,另一方面培养对劳动和劳动人民的情感。这些思想不仅在当时是积极进步的,在当今也具有启发意义。

3. 亚当·斯密的劳动教育思想

亚当·斯密(Adam Smith)是英国工场手工业向机械大工业过渡时期的著名经济学家,他在1776年出版的《国民财富的性质和原因的研究》中论述了劳动和劳动教育对经济发展的意义。亚当·斯密明确提出了劳动决定价值的观点,即劳动价值理论。该理论的主要功绩在于:第一,认为任何部门的生产的劳动都创造价值,提出"劳动是一切商品交换价值的真实尺度"的著名论断,克服了前人认为只有采金的劳动才创造价值的片面性,纠正了只有农业劳动才创造价值的偏见。指明决定商品价值是一般社会劳动。第二,它指出生产商品耗费的劳动决定商品价值,商品价值同生产中耗费的劳动成正比,商品价值量取决于商品内部凝结的劳动时间。第三,区别了简单劳动和复杂劳动。② 这是他对价值理论的最大贡献,也是劳动价值论的基本观点。他指出:"劳动是衡量一切商品交换价值的真实尺度。"③ 为此,他建议应该向儿童传授机械的原理、知识,而不是让他们花许多时间去学习拉丁文。斯密认为,取消普通人的子女有时在学校学习的但于他们全无用处的一知半解的拉丁文课程,而代之以几何学及机械学的初步知识,这一阶级人民的文化教育也许就会达到所可能达到的最完善

---

① 卢梭. 论教育 [M]. 北京: 商务印书馆, 1978: 221.
② 吴宇晖. 亚当·斯密对劳动价值学说的贡献 [J].《资本论》与当代经济, 1993 (3): 71-72.
③ 亚当·斯密. 国民财富的性质和原因的研究: 上卷 [M]. 北京: 商务印书馆, 2011: 26.

的程度。因此，他重视劳动者的价值和素质，认为提高劳动者的文化水平对经济发展有积极作用。

(二) 近代劳动教育的特点

近代劳动教育最大、最鲜明的特征是出现了学校中的劳动教育和专门的劳动教育课程，即独立形态的劳动教育。这是劳动教育的新形态。其次，近代西方的教育家、思想家、慈善家等主要是从经济的角度来提出和论述对人民大众的子弟进行劳动教育的意义及作用的。无论是英国、法国早期的义务教育法和工厂法中关于少年儿童必须一边学习、一边劳动的规定，还是洛克的劳动学校计划和卢梭自然教育中的劳动教育，都体现了有偿性、生产性的特点。在他们的思想中，对资产阶级子弟而言，劳动教育还包含强健身体、提升心智、了解自然、自食其力的作用，体现了鲜明的等级性、阶级性。此外，随着社会的发展，有的思想家注意到劳动教育对中小学生成长的影响，特别是在人的全面发展中的作用，提出了劳动教育的社会性问题。

三、现代劳动教育成熟

现代劳动教育使劳动教育从劳动中转入中小学校以后，尽管劳动教育还要通过各种劳动活动来进行，但劳动教学已成为劳动教育的一种重要形式。这也是现代劳动教育区别于近代劳动教育的一个重要标志。

(一) 现代劳动教育思想

随着现代社会科学技术有了飞速发展，工农业生产和信息技术的发展对劳动者的素质提出了新的要求。中外思想家、教育家为适应现代社会的需要，明确提出要通过开展劳动教育，养成正确的劳动态度和良好的劳动习惯，树立以劳动为荣，以好逸恶劳、贪图享受、奢侈浪费和不劳而获为耻的观点，主张通过劳动教育，培养全面发展的人。

1. 德可乐利的劳动教育思想

比利时教育家德可乐利（O. Decorously）是欧洲新教育的主要倡导者，曾被称为"教育学史上最革命的人物之一"。1907年，德可乐利在布鲁塞尔市郊创办"生活学校"（亦称"隐修学校"）。在这里，德可乐利尝试用一系列教育方法进行教育实验，由此产生了著名的"德可乐利教学法"。他确立了教育实验的宗旨是以儿童兴趣为中心，让儿童"为未来现代社会生活做准备"[①]。这也成为德可乐利劳动教育思想的渊源、基本观点。

(1)"生活学校"与手工活动

"生活学校"的教学活动是在教室里进行的，但教室不仅仅是讲课与听课的场所，也是工场、活动室和实验室。在课堂上，学生活动是主体，并辅之以视听教育，游戏和手工作业也受到重视。为了便于学生的活动与交流，教室里的课桌布置成马蹄铁的形状，而不是按传统学校那样前后排列。从踏进"生活学校"校门之日起，所有的学生都要定期参加各种集体的戏剧活动，制作各种墙壁张贴画，并参加各种会议。儿童甚至在自己的印刷车间印刷"校园新闻"。这些活动虽不是被有意地设计成教学活动，但是起到了教学的效果。

(2)"生活学校"中手工劳动的组织

德可乐利认为"生活学校"的教育必须选择适当的学习材料，组织适合儿童身体和心理特征的课程，使儿童通过学习，"懂得自己的人格、自我、自我需要、信仰、目的和理想；懂得自己所生活、依赖的及活动在其中的自然环境和社会环境"[②]，为未来生活做好准备。因此，他打破传统学校中呆板的、不符合儿童身心特征的分科体系，根据"兴趣中心"的原则，把课程分为关于个人的知识和关于环境的知识两大类，将儿童生活的四种兴趣与社会、学校、家庭、自然界等各方面联系起来，组成以某一个或几个兴趣为中心的教学单元，实施单元教学。德可乐利将儿童的兴趣分

---

① 赵祥麟. 外国教育家评传［M］. 上海：上海教育出版社，1992：596.
② 赵祥麟. 外国教育家评传［M］. 上海：上海教育出版社，1992：596.

配到小学的五个年级：一年级，儿童和他的有机体；二年级，儿童和动物；三年级，儿童和无生命界；四年级，儿童和蔬菜；五年级，儿童和人的环境。①

（3）劳动教育思想的出发点——儿童兴趣

德可乐利指出，在儿童教育过程中应以培养个性为中心，以儿童自我发展为原则，他主张"自由教育"，提出了"从儿童出发"的观点。根据对儿童认识特点的理解，他提出了整体化综合教学和兴趣中心的教学理论。他强调儿童逻辑不同于成人逻辑，不是对事物某一方面的了解，而是对事物整体的认识，因此学校教学应该根据儿童逻辑使儿童掌握周围世界，尽可能地以兴趣为中心来实现教学的综合作用，满足儿童的基本要求，即饮食、安全、与他人的合作与团结、共同劳动和休息、自我完善等。其中共同劳动和休息是其劳动教育思想的体现。德可乐利提出了三段教学法：观察、联想和表达。基于这样的综合兴趣和教学方法，德可乐利认为"学校应是一个简化的社会，除了让儿童广泛地接触自然以外，还要通过各种方式让他们认识社会。学校应该是实验室、活动室、工作室，而不仅仅是听课室"②，要通过兴趣与学校的综合活动来发展儿童的劳动能力。

2. 马卡连柯的劳动教育思想

20世纪苏联杰出的教育实践家、理论家安东·谢苗诺维奇·马卡连柯（Антон Семёнович Макаренко）认为劳动是教育的根本因素之一，应成为集体生活的重要组成部分。1939年，由于他在教育工作和文学活动中取得了卓越成就，荣获苏维埃"劳动红旗"勋章。他高度重视劳动在教育教学过程中的重要作用，坚持教育和生产劳动相结合这一原则，他创立的儿童教育机构成功地将大批的流浪儿童培养成为具有一定劳动能力的社会主义新公民。马卡连柯劳动教育思想的基本观点如下。

---

① 赵祥麟. 外国教育家评传 [M]. 上海：上海教育出版社，1992：599.
② 德可乐利. 比利时德可乐利的新教育法 [M]. 北京：中华书局，1932：38.

(1) 劳动教育的意义

马卡连柯指出:"劳动才能使人对人有正确的道德态度——对一切劳动者保持亲属般的爱护和友谊,对懒惰分子和躲避劳动的人表示愤慨和谴责。"[①] 为了把流浪儿童和少年违法者培养成为有理想、热爱生活、热爱劳动的新人,他不遗余力地组织他们参加生产劳动。马卡连柯认为,学生的劳动以及其他活动,比如在农村、工厂、企业和生产部门的劳动和自我服务等工作,将有效地影响他们的观念和行为,在劳动中教育儿童是影响他们性格的最好手段。马卡连柯还详细地论述了少年儿童教育与生产劳动相结合的成功案例及其意义。在强调劳动教育对儿童品德培养的重要作用的同时,马卡连柯还提出了劳动教育对培养学生的组织能力、管理能力和发展智力的重要作用。

(2) 劳动教育的内容

马卡连柯十分强调运用实际的生产与生活来教育、锻炼学员。在他和工学团的同事们看来,生活是最好的教科书。学员们的是非观念、荣誉感,责任心、遵守纪律的习惯,以及劳动的观点与习惯,主要是通过实际的生活与劳动锻炼形成的。他说:"公社社员的教育,不是用某种宣传或者教训的方法来达成,而只有从集体本身的生活、工作和志向来达成。"[②] 因此,在高尔基工学团和捷尔任斯基公社,除了学习文化以外,马卡连柯还带领学员们打扫卫生、自我服务,同时,组建木工厂、铁工厂、制鞋厂、面包房,建立农场、养殖场,甚至开展大规模的农田建设等,引导学员参加生产劳动和国家建设。

(3) 劳动教育的实施——与生产实践相结合

马卡连柯在组建高尔基工学团初期,主要是组织儿童从事自我服务性劳动,后来才组建了手工作坊、农场和养殖场。在早期,马卡连柯主要是希望通过生产劳动以及活动来建立集体,改造儿童的种种恶习,强调劳动

---

① 吴式颖. 马卡连柯教育文集: 第二版 [M]. 北京: 人民教育出版社, 2005: 181.
② 高时良, 黄仁贤. 教育名著评介 (中国卷) [M]. 福州: 福建教育出版社, 2012: 417.

的教育意义。但随着工学团集体的不断巩固与发展,实践使他认识到,"在任何情况下,劳动如果没有与其并行的知识教育,没有与其并行的政治和社会教育,就不会带来教育的好处,会成为不起作用的一种过程"①。同时,对于如何使生产劳动与文化教育相结合,马卡连柯在工学团的工作中逐渐明确了思路,他认为,将教学与生产劳动机械地联系起来是荒谬的,教学与劳动应该并行、相互渗透。显然,马卡连柯的劳动教育要求教学与生产劳动有机地结合,而不是机械地结合。学生生产劳动的目的必须服从于学校的教育目的。

3. 杜威的劳动教育思想

美国实用主义哲学家、社会学家约翰·杜威(John Dewey)是人类历史上最具影响的教育家之一。他顺应时代、社会现实讨论教育问题,积极吸收人类文化的多方面成果,建立起一座宏伟的教育理论大厦,为后人留下了一份丰富的教育思想遗产。杜威劳动教育思想的基本观点如下。

(1) 手工教育与劳动教育的根源——经验与兴趣

受达尔文生物进化论思想的影响,杜威在反对理性主义、传统二元论哲学思想的基础上,提出了人是自然的组成部分,有机体经常谋求对环境的适应,个体是通过参加社会活动而得到发展的,强调人与环境相互依赖、相互作用。经验和兴趣是儿童与社会环境互动的根源。杜威提出,儿童的能力、兴趣、需求和习惯都建立在其原始本能之上,儿童身上存在着四种本能——语言和社交的本能、研究和探索的本能、制作的本能、艺术的本能,其中最重要的是制作的本能。② 制作强调的是通过一系列的学校作业进行制造与改造,这也成了杜威手工教育与劳动教育的来源。

(2) 手工教育与劳动教育的基本原则——"做中学"

杜威提出学校即社会,认为学校是一个小型的社会,在这个小社会里应该具备反映大社会的各种类型的作业,以便儿童能与社会进行互动,掌

---

① 吴式颖. 马卡连柯教育文集:第二版[M]. 北京:人民教育出版社,2005:13.
② 戴本博,单中惠. 外国教育通史:第五卷[M]. 济南:山东教育出版社,1993:294.

握一些基本技能。他还提到儿童通过双手来参与学校社会生活，得到个人发展的劳动教育思想，应用在他的教学思想上，便是"做中学"。"做中学"可以概括为：学校应让儿童在手工训练、工场作业以及家庭技艺等实际活动中，通过积极主动的手脑并用的"探索—验证"性活动，掌握应获得的知识、技能和技巧，并形成社会上所需要的态度和习惯，从而为进一步理解自然和社会、掌握系统的科学知识打下基础。这是儿童改造旧经验、获取新经验，实现成长的最好途径。也就是让学生在感兴趣的情境与活动中，通过积极主动的"探索—验证"性活动不断改造旧经验，获取关于自然和社会的新认识。

（3）手工教育与劳动教育的落脚点——职业教育

杜威还从实用主义经验论、功能心理学和民主主义思想出发，论述了其职业教育思想。他指出，"所谓适当的职业，不过是说一个人的能力倾向得到适当的运用，工作时能最少摩擦，得到最大的满足"[1]。杜威所认为的职业是指任何形式的、连续不断的活动，它既包括体力劳动和有收益的工作，也包括专业性和事务性的工作，还包括任何一种艺术能力、特殊的科学能力以及必需的公民道德品质的发展。杜威认为，"在进行职业教育时，通过作业进行的训练，是唯一适当的职业训练"[2]。通过作业对儿童进行间接的职业训练，根据的是儿童目前的需要、经验与兴趣，指向未来可能要从事的职业。为了更好地创造条件实施职业教育，杜威还提到应该把职业教育与普通课程构成一个完整的学校教育体系，这样在一定程度上有助于消除知识与行动、理论与实践的分离现象。同时他主张通过主动的活动来进行职业教育，实际上也就是以儿童已有的生活经验为基础的学校课程内容与手工教育、劳动教育密不可分，因此杜威的手工教育和劳动教育的出发点与归宿实际是职业教育。

---

[1] 戴本博，单中惠.外国教育通史：第五卷[M].济南：山东教育出版社，1993：314.
[2] 戴本博，单中惠.外国教育通史：第五卷[M].济南：山东教育出版社，1993：315.

4. 蔡元培的劳动教育思想

中国近现代著名民主革命家、教育家蔡元培首次提出"军国民教育、实利主义教育、公民道德教育、世界观教育、美感教育皆今日之教育所不可偏废"的教育思想，主张"五育"并举。1928年，在全国教育会议开会词中，蔡元培提出办教育应特别注意"养成全国人民劳动的习惯，使劳心者亦出其力以分工农之劳，而劳力者亦可减少工作时间，而得研求学识机会，人人皆须致力于生产事业，人人皆得领略优美的文化""简言之，使教育劳动化"①。劳动化教育方针的提出，标志着蔡元培劳动教育思想的正式形成，也标志着蔡元培的德、智、体、美、劳五育并举的整个教育思想体系的最终形成。蔡元培劳动教育思想的基本观点如下。

（1）重视劳动与劳动教育的意义

蔡元培批判了旧中国落后的旧式教育，他指出："吾国之旧教育以养成科名仕宦之才为目的。科名仕宦，必经考试，考试必有诗文，欲做诗文，必不可不识古字，读古书，记古代琐事……，其他若自然现象，社会状况，虽为儿童所亟欲了解者，均不得阑入教科，以其于应试无关也。"②显然，蔡元培对旧中国旧式教育读死书、死读书以及繁复的科举考试是坚决反对的。蔡元培重视劳动教育和平民教育，他在北京大学曾办校役班，在上海与友人筹备劳动大学。蔡元培认为，"劳动是人生一桩最要紧的事体"，"使人之精神有张有弛"，应"养成勤劳之习惯"③。他甚至说"劳动神圣，教育普及，真是取之左右逢其源了"④。进而强调："于是有第二之隶属政治者，曰实利主义之教育，以人民生计为普通教育之中坚。其主张最力者，至以普通学术，悉寓于树艺、烹饪、裁缝及金、木、土工之中。此其说创于美洲，而近亦盛行于欧陆。我国地宝不发，实业界之组织尚幼

---

① 高平叔. 蔡元培教育论集 [M]. 长沙：湖南教育出版社，1987：449.
② 高平叔. 蔡元培教育论集 [M]. 长沙：湖南教育出版社，1987：448.
③ 高平叔. 蔡元培教育论集 [M]. 长沙：湖南教育出版社，1987：447.
④ 高平叔. 蔡元培教育论集 [M]. 长沙：湖南教育出版社，1987：447.

稚，人民失业者至多，而国甚贫。实利主义之教育，固亦当务之急者也。"①

（2）倡导"即工即学"与"工学结合"

在劳动教育实施途径方面，蔡元培提出了"即工即学"与"工学结合"的主张。他说："近人盛倡勤工俭学，主张一边读书，一边做工。我意校中工作，可以学生自为。成天读书，于卫生上也有妨碍。……托尔斯泰主张劳动主义，他自制衣履，自耕农工，反对太严格的分工。吾愿学生于此加以注意。"② 他还提出不仅要使用这种新方法，而且要不断改进这种方法。蔡元培说："旧的方法不能满足人类的需要，于是世界上有了一种新的方法。这种新方法的原则，是出力少而生产多……这种方法，也是永远在进步的。要学习这种新方法，而且要不断地加以改良，所以要劳动教育。……但是工场的学徒，从前不施以任何教育，这是因为方法简单，容易学的；现在有了机械，方法复杂，不是从前那样的教法可以学到，所以必须施行教育。"③ 此外，蔡元培深受杜威手工劳动和从做中学思想的影响，认为以记诵为主的课堂教学违背学生天性，放弃实用知识的学习大为不妥，于是大力提倡手工活动与教育相结合。

（3）推崇"劳工神圣"的思想

蔡元培对普通百姓抱有深厚的感情，对劳动人民十分尊重。他说："我说的劳工，不但是金工、木工等等，凡用自己的劳力做成有益他人的事业，不管他用的是体力，是脑力，都是劳工。所以，农是种植的工，商是转运的工，学校职员、著述家、发明家，是教育的工，我们都是劳工。我们要自己认识劳工的价值。劳工神圣。"④ 他预言："此后的世界，全是劳工的世界！"尽管蔡元培这里所提的"劳工"并不是一个严格意义上的

---

① 高平叔. 蔡元培全集：第五卷 [M]. 北京：中华书局，1988：131.
② 高平叔. 蔡元培全集：第五卷 [M]. 北京：中华书局，1988：132.
③ 高平叔. 蔡元培教育论集 [M]. 长沙：湖南教育出版社，1987：469.
④ 高平叔. 蔡元培教育论集 [M]. 长沙：湖南教育出版社，1987：57.

科学概念，但这个口号的提出，反映了在当时的历史条件下，蔡元培对工人阶级和劳动人民的新认识。他肯定劳工的价值，指出唯劳工最伟大、最有前途，这无疑是正确的、积极的。在劳工神圣思想的指引下，蔡元培希望知识分子参加劳动，劳动大众学习文化。因此，在大学院成立之初，蔡元培就提出三条教育方针，其中第二条是"养成全国人民劳动的习惯，使劳心者亦出其力以分工农之劳，而劳力者亦可减少工作时间，而得研求学识机会，人人皆须致力于生产事业，人人皆得领略优美的文化"①。

(二) 现代劳动教育的特点

进入现代社会，学校劳动教育变得更全面、更系统。劳动教育的育人功能显著增强。现代社会对人的素质，特别是对中小学生的综合素养提出了更高的要求。一是劳动教育的任务明显增多。通过帮助学生树立正确的劳动观念，使他们懂得劳动的伟大意义，认识到劳动是公民的神圣权利和义务，把脑力劳动同体力劳动相结合的重要意义。培养学生热爱劳动和劳动人民的情感；养成劳动的习惯，形成以劳动为荣、以懒惰为耻的品质；抵制好逸恶劳、贪图享受、不劳而获、奢侈浪费等恶习。二是劳动教育的内容制度化、规范化。从制度层面看，劳动教育的内容进入了课程计划、课程标准，劳动教育内容的性质与价值更加明确，劳动教育内容的合法性和有效性得到了保障。中小学生处于生长发育期，开展适合他们年龄的劳动教育，能够培养其责任心、意志力，也会带给中小学生收获劳动成果的喜悦，帮助他们增强自信心。劳动能培养中小学生尊重劳动、热爱劳动、尊重劳动人民的品质，树立劳动光荣、不劳为耻的思想观念。劳动是创造的基础，劳动过程中需要运用各种知识，使学生把课堂上学到的书本知识和实际联系起来，帮助他们增强对书本知识的理解，同时促进中小学生脑力劳动和体力劳动的结合，成为全面发展的时代新人。

---

① 高平叔. 蔡元培教育论集 [M]. 长沙：湖南教育出版社，1987：57.

四、劳动教育发展启示

纵观劳动教育的历史发展过程,不难看出,劳动教育的根本目的是培养适应现代生产和现代生活的人,实质是教育与生产劳动相结合、与社会生活相结合。通过现代劳动教育,培养适应现代科技、现代生产的"自然人",培养适应现代社会、现代生活的"社会人",培养有劳动能力、自食其力、有尊严的人。为此,全面、准确、科学地认识劳动对中小学生的价值与意义是十分必要的。劳动教育发展史告诉我们,一般劳动并不具有教育的功能,劳动教育中的劳动活动是对一般劳动的"课程化和育人化"改造,它在目的要求、活动对象、组织形式方面都发生了深刻的变化。劳动教育的目的在于育人,即中小学生的个性全面发展,劳动的对象一般不是原始的自然,而主要是被人改造后的自然,中小学生要在教师有意识地指导和帮助下进行劳动。劳动产品虽然也会有物质产品,但更关键的是精神产品,即对中小学生的精神改造和天赋的发挥。这些变化的实质是对一般劳动的再改造:集中、利用和发扬它本质的积极的方面,即自觉自由地创造这一方面;扬弃它非本质的消极的方面,即那种为生活所迫、强制和奴役人的因素。因此,我们不能认为凡是参加劳动就自然而然地受到了教育,教育者必须对中小学生参加的劳动活动进行"课程化和育人化"改造,使得中小学生参加的劳动不再是纯粹的劳动,而是实现教育目的的过程和手段。①

首先,全面、准确、科学地认识中小学生劳动教育与德、智、体、美等教育的关系。劳动教育必须与中小学校德、智、体、美等教育相结合,劳动教育是融合在中小学校教育之中的,它是中小学校整体教育的重要组成部分,并不是外加的。劳动教育不是教育的一个单独组成部分,而是劳动与教育的内在统一,是以劳动贯穿全部教育的过程。劳动以外的教育和

---

① 宦欣雨.苏霍姆林斯基的劳动教育思想及其借鉴意义[J].劳动哲学研究,2021(1):325-333.

没有劳动的教育是不存在的，也是不可能存在的。中小学生的学习即劳动，而且是这一阶段的主要劳动，因此，劳动教育不能游离于中小学校教育之外。我们既反对轻视、忽视劳动教育，更反对另外设计一套与中小学校教育相脱离的劳动教育。

其次，全面、准确、科学地认识中小学生劳动教育的时代性。教育必须与新时代同步，与以新产业、高科技特别是信息技术、人工智能为基础的劳动相结合。改革开放初期，邓小平同志就指出，"为了培养社会主义建设需要的合格的人才，我们必须认真研究在新的条件下如何更好地贯彻教育与生产劳动相结合的方针"[1]。新时代以信息化、智能化为核心的经济建设，要求现代的劳动者在掌握一定的生产经验的同时，更要掌握先进的科学知识。邓小平同志说："劳动者只有具备较高的科学文化水平，丰富的生产经验，先进的劳动技能，才能在现代化的生产中发挥更大的作用。"[2] 显然，现代劳动教育，或者说现代教育与生产劳动相结合，应该适应现代国民经济生产的需要，与国家经济发展保持同步。实践证明，科学技术无论在教育与生产劳动相结合，还是在劳动与教育的结合中，都有举足轻重的作用。离开了科学技术，中小学生无法掌握生产劳动的原理，就不可能使教育的发展与国民经济相适应。但是，这里的科学技术是结合的关键点、中介所在，而非本质。在教育实践过程中，只抓科学技术教育就以为贯彻了教劳结合，只会带来误导。总之，现代科学技术的发展必然要求教育与生产劳动相结合，但教育与生产劳动相结合的内容、方法必须不断发展，以适应快速发展的科技。因此，新时代中小学校劳动育人必须与时俱进。

---

[1] 中共中央文献研究室.邓小平同志论教育[M].北京：人民教育出版社，1990：109.
[2] 中共中央文献研究室.邓小平同志论教育[M].北京：人民教育出版社，1990：85.

第三节 中小学校劳动育人价值

党的十八大以来，习近平总书记在多个场合强调劳动教育的育人价值，歌颂了劳动的伟大，表明"劳动是人类的本质活动"、劳动创造世界等观点。这不仅继承了马克思主义劳动观点，还站在战略高度，把劳动与开创中国特色社会主义新时代、实现中国梦联系起来，明确提出"社会主义是干出来的，新时代也是干出来的""实干才能梦想成真"，拓宽了劳动视野，开辟了马克思主义劳动思想新范畴。显然，劳动教育为孩子的幸福人生奠基，是现代教育的主旨之一。[①] 劳动教育是提高中小学生综合素质、成就幸福圆满的人生的有效途径。劳动教育是国民教育体系的重要内容，是中小学生成长的必要途径，具有树德、增智、强体、育美的综合育人价值。劳动教育通过以劳树德、以劳增智、以劳强体、以劳育美，为成就中小学生的幸福人生奠定坚实基础。

一、实现以劳树德

品德修养是一个人的立身之本、成才之要，不是一挥而就的事，需要在长期的社会实践中、在日常生活的点点滴滴中踏踏实实地磨炼达成。习近平总书记强调，"一个人只有明大德、守公德、严私德，其才方能用得其所"[②]。劳动是人类最基本、最普遍的实践活动，在培养和发展人的道德品质、提高人的思想境界过程中扮演着重要的角色。马克思在《政治经济学批判》中指出，"在再生产的行为本身中……生产者也改变着，炼出新的品质，通过生产而发展和改造着自身，造成新的力量和新的观念，造成

---

① 丁锦宏.学校教育发展［M］.北京：高等教育出版社，2015：134.
② 丁锦宏.学校教育发展［M］.北京：高等教育出版社，2015：134.

新的交往方式、新的需要和新的语言"①。劳动教育的核心是培养劳动价值观、劳动情感态度和劳动伦理品德，与道德教育有着天然的密切联系，还曾一度作为德育的重要内容。中小学生是人生的拔节孕穗期，最需要精心引导和栽培，尤需以劳树德，扣好人生的第一粒扣子。把劳动教育纳入人才培养全过程，注重培养勤俭、奋斗、创新、奉献的劳动精神，引导中小学生树立正确的劳动观，崇尚劳动、尊重劳动，增强对劳动人民的感情，报效国家，奉献社会。劳动本身就是一种美德，可以使中小学生深刻理解"幸福是奋斗出来的"，唯有通过辛勤劳动才能实现人世间的美好梦想，从而更加坚定为中华民族伟大复兴而奋斗的理想信念；可以使中小学生积极践行社会主义核心价值观，主动参加志愿服务，勇于担当时代责任，不断增强社会责任感和公益心，大力弘扬社会文明新风尚；可以使中小学生更加珍惜劳动成果，明白"成由勤俭败由奢"的道理，牢固树立节约光荣、浪费可耻的思想观念；可以使中小学生懂得"天下大事，必作于细"，成就事业必须脚踏实地，把劳动当作锻炼自己难得的机遇，用不懈的劳动创造出精彩人生、为民族复兴赋能。

二、促进以劳增智

劳动作为一种创造性活动，是一切知识的源泉。新时代劳动形态已发生了重大变化，不仅是传统的简单劳动，还包括新兴、复杂的创造性劳动，特别是以人工智能、大数据、云计算、区块链等为代表的科学技术劳动，日新月异，各种新事物、新知识、新技术层出不穷，为新时代劳动注入新的内涵。恩格斯曾说："人的智力是按照人如何学会改变自然界而发展的。"② 体脑结合是马克思提出的对未来社会全面发展的新人的设想，它要求新社会的成员不仅能够从事体力劳动，也能够从事脑力劳动，成为不

---

① 丁锦宏. 学校教育发展 [M]. 北京：高等教育出版社，2015：135.
② 丁锦宏. 学校教育发展 [M]. 北京：高等教育出版社，2015：124.

受体力劳动和脑力劳动分工限制的人。① 瑞士教育家裴斯泰洛齐也指出，"只有从艰难困苦中才能使人动脑，发挥手和脑的能力"②。其实，我们常说劳动创造了人，事实上劳动同时也创造了人类的智慧，大脑的发展和智力的发展是密切联系在一起的。只有双手教导头脑，随后变聪明的头脑教导双手以及灵巧的双手再度更有力地促进头脑发展的时候，智力的发展才可能健康进行。这是有科学依据的且得到反复证明的科学结论。现代脑科学研究表明，手在人的大脑皮层定位面积大、作用强。通过强有力地动手劳动，使大脑皮层得到最大限度的运动、贯通和开发，从而使大脑得以强化与发展。由此可见，新时代实施劳动教育，应与时代发展同向同行、同频共振，应注意手脑并用、安全适度，强化实践体验，让中小学生亲历劳动过程，注重培养中小学生科学精神，引导中小学生在干中学、在学中干，善于发现问题，勇于探索新知，提高创造性劳动能力，实现智慧劳动、创造劳动，提升育人实效性。劳动还能将中小学生在课本上学到的知识用于实践，学以致用，解决生活问题。在这样的劳动过程中，中小学生对书本知识的理解会更深、记得更牢，既训练了实践技能，又促进了智力的不断发展。

三、推动以劳强体

劳动，不论是体力劳动还是脑力劳动，都要做出努力、耗费精力，要做出劳动成果，需要有顽强的意志力和毅力，因而可以培养中小学生的自信心、责任心、情感和意志等品质。毛泽东同志指出，"欲文明其精神，先自野蛮其体魄"③。从人的身体生长发育规律来看，中小学生是生长发育的关键期，这一时期身体发育状况直接关乎将来的生命质量。劳动不是一种简单的体力或脑力活动，而是一种有效的教育手段、科学的健体方式，

---

① 顾明远. 教育大辞典：第一卷［M］. 上海：上海教育出版社，1990：23.
② 王正平，汤才伯. 中外教育名言集萃［M］. 上海：百家出版社，1989：368.
③ 王正平，汤才伯. 中外教育名言集萃［M］. 上海：百家出版社，1989：368.

特别是适当的体力劳动,能够促使人的肌体充满活力,改善血液循环,促进新陈代谢,优化生理机能,磨炼意志耐力,对促进中小学生身体发育、培养健康体魄、实现全面发展具有十分重要的作用。为此,从小就要养成劳动的习惯,为劳动打好强健的基础,逐步加强劳动锻炼是必不可少的劳动教育,担负着培养中小学生基本的生活和生产劳动技能、初步的职业意识和创新创业意识,以及动手实践、解决实际问题的能力等重要任务。中小学生自己动手是劳动教育的一个基本特征,劳动教育在学习过程中体现为与具体的学科知识相联系的实践和动手操作的、能够化知识为能力与智慧的活动。基于动手能力的学生劳动技能对于中小学生的发展是极为重要的。联合国教科文组织的报告《教育——财富蕴含其中》中将"学会认知""学会做事""学会共同生活"及"学会生存"列为教育的"四大支柱"。这"四大支柱"尤其是其中的"学会生存"作为教育和学习的根本目标,无疑是建立在中小学生具备一定劳动与生存技能的基础上的。劳动创造了人,劳动使人的前肢解放了出来,进而成为人的手。人类制造和使用工具的劳动又让人的手变得更为灵巧。劳动之于手的重要价值不仅体现在人类产生与发展的过程中,同样更体现于一个人的成长与发展过程中。

四、达成以劳育美

审美是人类重要的精神活动,人类发展史既是一部自然进化的历史,也是一部在文明发展中不断自我教育的历史。马克思在《1844年经济学哲学手稿》中提出"劳动创造了美"的观点,科学揭示了美的根源在于劳动,反映了劳动之美具有合规律性与合目的性的有机统一。劳动是个体谋生的基本手段,一切幸福都源于劳动价值的美丽绽放。习近平总书记强调,幸福不会从天而降,美好生活靠劳动创造。同样,劳动教育有助于实现中小学生的"心力发展"。人的心力是指"由人的非认知的心理因素所表现的能力",它是一个与非智力因素以及心理品格(抑或个性)相联系的概念。"教育是人的灵魂的教育,而非理智知识和认识的堆集"[①]。教育过程不只是在使中小学生增长知识的过程中发展智力,同时还应使中小学生具有良好的心理素质,有高尚的情操,坚强的毅力。这就像强健的体魄需要劳动锻炼一样,健全的人格同样也离不开劳动的磨炼。马卡连柯甚至认为"劳动教育最大的益处在于人的道德上和精神上的发展。"由于劳动教育所具有的综合性特点,它能够把其他一切教育内容联结在实践之中。实施劳动教育,可以有效发挥中小学生的主观能动性,深入挖掘中小学生的创新创造潜能,使中小学生在致力创造美好的过程中,体验劳动愉悦、收获劳动成果,从而实现自我完善与自我提高,不断增强创造美和欣赏美的能力。通过引导不同层次、不同阶段、不同类型中小学生在劳动中循序渐进培养审美观念、丰富审美体验、提升审美旨趣,深刻认识和理解劳动之美,真正懂得"劳动最光荣、劳动最崇高、劳动最伟大、劳动最美丽"的道理,主动追求更有高度、更有境界、更有品位的美好人生。

第四节　新时代中小学校劳动育人内容体系

　　新时代中小学校劳动育人家校协同教育是素质教育的重要组成部分,它紧密联系生活,以个体的生活经历和体验为教育的起点,引导中小学生从生活中汲取教育的营养。2020年3月,中共中央、国务院印发《关于全面加强新时代大中小学劳动教育的意见》明确提出,"新时代劳动教育重点是在系统的文化知识学习之外,有目的、有计划地组织学生参加日常生活劳动、生产劳动和服务性劳动,让学生动手实践、出力流汗,接受锻炼、磨炼意志,培养学生正确劳动价值观和良好劳动品质","根据教育目标,针对不同学段、不同类型的学生特点,以日常生活劳动、生产劳动和

---

① 雅斯贝尔斯.什么是教育[M].邹进,译.北京:生活·读书·新知三联书店,1991:4.

服务性劳动为主要内容开展劳动教育"①。根据《意见》要求，结合基础教育的培养目标和新时代中小学生的身心特点，新时代的中小学校劳动育人家校协同教育的内容主要可划分为日常生活劳动教育、生产劳动教育和服务性劳动教育三种主要类型。

一、日常生活劳动教育

日常生活劳动是指在日常生活中，中小学生自己照料自己的生活，保持环境整洁卫生的一种劳动，如整理床铺、打扫宿舍、清洗衣服、照料自己饮食起居以及在家庭中的家务劳动等相关劳动行为。通过日常生活劳动教育，强化中小学生的劳动自立意识，锻炼中小学生自己照料自己的能力，体会"一粥一饭之不易，一丝一缕之艰辛"，学会关心父母、长辈等其他家庭成员，更好地促进家庭和谐。

（一）日常生活劳动教育的内涵

自亚里士多德以来，许多哲学家把劳动仅仅看作人同自然的关系，看作满足人的物质生活需要、维持肉体生存的手段。然而，在社会实践中，劳动不仅指物质生活资料的生产，而且意味着人在获取生活资料后如何有价值地生存。劳动不仅创造世界，同时也是人的自我生成的方式。在日常生活劳动中，人们逐渐懂得按照不同的标准来进行生产以及把这些标准传递给其他人。这些日常生活劳动的标准对于人类自身的生存和社会发展具有重要的保障与推动作用。随着时代的发展，日常生活劳动经验转变成知识，劳动与教育结合上升为理论与实践相结合的重要内容，劳动在培养中小学生社会实践能力和使之适应现代社会生活方面发挥了重要作用。中国古代对此极为重视。例如，宋代理学的集大成者朱熹主张培养儿童的洒扫应对能力，朱柏庐在《治家格言》的开篇即提出"黎明即起，洒扫庭除"

---

① 教育部关于印发《大中小学劳动教育指导纲要（试行）》的通知[EB/OL].中华人民共和国教育部，2020-07-09.

是一般的物质性。二是从人与人之间的关系角度阐述，即"生产劳动是直接使资本增值的劳动或生产剩余价值的劳动"①，呈现出的是"在资本使用中的资产剩余价值"，其特征是社会性。生产劳动的这两种属性就像硬币的一体两面，不可分割。在培育新时代中国特色社会主义人才过程中开展生产劳动，就是要促使"教育与生产劳动相结合"。如何理解"教育与生产劳动相结合"呢？其第一层内涵应是"生产财富、生产价值"的劳动的目的是满足人民日益增长的美好生活需要，通过教育与生产劳动的结合为全面建成小康社会目标服务。生产劳动应服从习近平新时代中国特色社会主义建设的目标，通过"教育与生产相结合"来培养建设习近平新时代中国特色社会主义所需要的具备现代素质的人才。"教育与生产劳动相结合"的第二层内涵应是通过劳动过程认识和评价自我、他人和社会，确立劳动改变生活的积极人生观。在现代化生产中，中小学生在体验场所通过劳动掌握科学技术知识，通过劳动学会竞争与合作，形成科学道德和技术价值合一的观念。"教育与生产劳动相结合"的第三层内涵应是通过教育与劳动相结合实现人的自由全面发展。正如恩格斯所指出的，"当社会成为全部生产资料的主人，……生产劳动就不再是奴役人的手段，而成了解放人的手段，因此，生产劳动就从一种负担变成一种快乐"②。"教育与生产劳动相结合"赋予了生产劳动教育基本内涵。生产劳动教育是人通过劳动维持生存并改变自身的教育，是人在参与由社会分工所决定的、符合一定社会生产目的、与财富和价值的创造直接或间接相关的各类劳动中，在不断提升生活层次的过程中关注自我、反思自我、完善自我，不断接受社会生产中的新知识、新技能和新思维的教育。

（二）生产劳动教育的类型

生产劳动是不以一切社会形式转移的人类生存的条件，是物品使用价

---

① 中共中央马克思恩格斯列宁斯大林著作编译局. 马克思恩格斯文集：第9卷 [M]. 北京：人民出版社，2009：520.
② 中共中央马克思恩格斯列宁斯大林著作编译局. 马克思恩格斯选集：第3卷 [M]. 北京：人民出版社，2012：644.

值的创造者。不同时代人类的生产活动及其他实践活动的范围和性质不同，人们所凭借的知识和积累的经验不同，社会发展给予个人的精神财富的内容不同，因而教育的性质也不同。现代大生产的特征是生产越来越趋向知识密集型、科学密集型，因而要求劳动者必须掌握广泛的普通文化知识、系统的科学基础知识与综合技术知识。中小学生只有通过教育才能提高智力，特别是提升创新精神和能力，从而不断适应社会生产发展、产业升级的需求。由此，生产劳动教育可以划分为以下三种类型。（1）科学意识教育。适应社会大生产的、与工业劳动技能相关的科学劳动教育，要求在物理、化学、生物等学科教学中加大动手操作技能、职业技能等的培养力度；通过科学技术活动和实践，培养中小学生的基础性科学素养与科学意识。（2）科学知识教育。中小学校为学生提供现代信息技术、人工智能等方面的科学技术知识，促使中小学生尊重科学、理解科学、投入科学研究，用科学的方式解决遇到的问题，掌握开展生产活动的科学方法和科学思维能力。（3）科学精神教育。中小学校应提供与产业升级和生产活动能力提高相关的创新劳动知识及其应用机会，支持中小学校把科学融入学习和生活中，体会、探究科学知识和科学方法所蕴含的核心理念与基本价值。在各类相关教材和活动中体现科学家追求真理的精神和献身科学的事业心，促使中小学生弘扬科学精神，坚定为建设科技强国而学习的信念。

三、服务性劳动教育

劳动不仅仅是满足人类生存需要的生产活动，而且是表现人类生命活动意义的特有方式。人不仅通过劳动满足自己的生存需要，而且通过劳动实现自己的生存意义和价值。[①] 服务性劳动指的是除生产劳动外，为人的物质文化生活和物质生产服务的社会性服务劳动和志愿服务劳动。在服务性劳动过程中，人能在劳动中体悟到与人合作、甘于奉献的乐趣。

---

① 杨魁森.劳动与生活［J］.社会科学战线，2010（8）：44-50.

（一）服务性劳动教育的内涵

服务型劳动教育通过让中小学生利用知识、技能为他人和社会提供服务，在服务型岗位上见习实习，树立服务意识，实践服务技能，在公益劳动、志愿服务中强化社会责任感。近代教育家黄炎培认为，"各级教育，应于训练上一律通行劳动化，使青年心理上确立尊重职业之基础，且使获得较正确之人生观"[①]。劳动教育最本质的意义是培育中小学生尊重劳动的价值观并提升对劳动的内在热情和劳动创造的积极性。因此，它不仅有利于中小学生的身心健康发展和意志品质磨炼，而且能塑造其艰苦奋斗的精神及自强自立的人格。强化劳动教育，以立德树人引领劳动教育和有关的实践活动，不仅能使中小学生感受到并相信劳动是推动历史进步的根本力量，更好地发扬艰苦奋斗精神，而且有利于中小学生形成正确的价值观，在社会公益实践中尽可能实现人生理想。服务性劳动至少具有三重功用属性。[②] 一是劳动的价值性。劳动本来是人的本质、力量和价值的确证。劳动是每个人生存发展的根本手段，是衡量人的聪明才智、地位成就的根本标准。劳动不仅仅是谋生的手段，而且是"生活的第一需要"，劳动就是人的生活，劳动与生活融为一体。二是劳动的自主性。劳动作为人的类特性，是一种自由自觉的活动，但这种劳动只有建立在自主的基础上才有可能实现。只有当人能够自由地支配自己的劳动和劳动产品，把劳动当作自己本质力量的确证和创造过程时，劳动才能真正成为自由自觉的活动，人也才能产生对劳动的热情和兴趣。三是劳动的全面性。劳动不仅是物质生产活动和维持生活的手段，劳动的内容和形式可以更为丰富。超出自然需要限度的劳动，就不仅仅是生产劳动，而是表现出活动的全面性。凡是从人的多方面需要出发所进行的创造性、对象化活动，都是劳动。而且，由于社会分工不再具有强制性，人的兴趣和能力能够得到全面发展，人可以

---

① 中华职业教育社. 黄炎培教育文集：第四卷［M］. 北京：中国文史出版社，1995：124.
② 杨魁森. 劳动与生活［J］. 社会科学战线，2010（8）：44-50.

按照自己的需要和特长去选择多种形式的劳动，使劳动更适合人的个性。服务性劳动教育的这些功用属性，从内在特性上揭示了其具有的重要内涵——公益性，尤其是劳动教育在伴随社会发展而演进的过程中，劳动主体参加服务形态的劳动带有鲜明的利他性。因此，服务性劳动教育是推动中小学生接触社会、深入生活、参加各种形式的公益劳动，用自己所学到的知识提供服务，不断提高实践能力与道德素养，培育为人民服务、为公众谋利益的良好思想品德的教育。

（二）服务性劳动教育的类型

劳动教育本身不仅仅是人对自然进行改造和适应的目的性行为，更是人作为有机体的活力和积极性的表征。人本主义哲学家和精神分析心理学家艾瑞克·弗洛姆（Erich Fromm）说："劳动是人的自我表现，是他的个人的体力和智力的表现。在这一真实的活动过程中，人使自己得到了发展，变成人的自身；劳动不仅是达到目的即产品的手段，而且就是目的本身，是人的能力的一种有意义的表现；因而劳动就是享受。"[1] 因此，劳动教育要回归共同体，个体应通过劳动实践在共同体中贡献自己、成就自己。基于以上认识，服务性劳动教育可划分为几大类：（1）校内公益活动。校内组织的各项劳动，如校园卫生保洁和绿化美化及与劳动有关的兴趣小组、社团、俱乐部的活动，可以培养中小学生提供服务、主动参与公共活动的习惯。（2）社会公益劳动。中小学校可定期安排学生参加农业生产、工业体验、商业和服务业实习等义务劳动实践，利用劳动教育实践基地、综合实践基地和其他社会资源，与研学旅行、团队日活动和社会实践活动等相结合，培养中小学生的活动组织能力和奉献精神。

四、迭代发展的劳动教育

劳动是人的基本机能与生存方式，是人认识世界和改造世界的社会活

---

[1] 习兴美. 生产性活动的现实展开：弗洛姆对马克思劳动观的解读[J]. 理论界，2017（9）：9-16.

动。伴随着劳动工具的变迁，劳动经历了从手工劳动到机器劳动再到智能劳动的三种形态的迭代发展。当前，劳动形态呈现出持续迭代、新旧交融、多元并存的状态，这是新时代劳动场域的基本特征。

(一) 劳动形态的迭代发展

"迭代"一词出自计算机领域，它是一个不断用旧的变量递推新值的过程。[1] 从劳动形态的更迭来看，高级形态的劳动方式和生活方式是从较低一级的劳动方式和生活方式发展而来的，但并非简单的新旧转换过程，而是旧的劳动形态被淘汰或做适应性调整后，与新的劳动形态交融并存。

1. 新劳动形态在宣告形成之前已经在前一个劳动形态中孕育发芽

在手工劳动时代，机器劳动技术已经萌芽。这种萌芽体现在劳动工具的发明中。公元前1世纪左右，简单机械如车轮、杠杆、滑轮以及螺旋等工具的发明问世，人类从仅靠自身体力转向利用机械的力量。其后，人类又利用风力、水力等自然力，发明风车、水车。进入14世纪，人类发明了金属活字印刷术，有了对飞机的构想与设计、对螺旋桨的设计，发明了脚踏车床等各种加工机械，纺织机械、水泵水车、利用齿轮进行运动传递的动力车等方面的设计也相继问世。15至16世纪，因海洋探险所需，造船技术有了很大的进步，与此同时，一批技术先驱涌现出来。手工劳动从仅仅凭借经验与技艺，逐步增加了科学的因素，为机器劳动形态的诞生打下了基础。[2] 在机器劳动时代，作为智能劳动工具的计算机的前身已经出现。1649年，法国人帕斯卡（B. Pascal）将齿轮装置组合起来制成了计算机。1880年，美国的霍列利希（H. Hollerith）发明了使用继电器进行卡片分类的自动统计机。1946年，宾夕法尼亚大学制造出世界上最早的电子计

---

[1] 艾德才. 计算机软件技术基础 [M]. 北京：中国水利水电出版社，2000：8.
[2] 中山秀太郎. 技术史入门 [M]. 姜振寰，庞铁榆，译. 哈尔滨：黑龙江科学技术出版社，1985：22.

算机。① 1956 年，晶体管计算机诞生。20 世纪 60 年代中期，大规模集成电路出现，每秒可运算千万次，能够满足一般数据处理和工业控制的需要。20 世纪 70 年代，第四代大规模集成电路出现，1978 年计算机已经能够每秒运算 1.5 亿次。20 世纪 80 年代，智能计算机问世。机器劳动迭代手工劳动，经过了比较长的一段时间，发展比较缓慢。而智能劳动迭代机器劳动完全不同，将呈爆发式态势。专家们普遍认为，智能劳动的发展在很大程度上取决于技术突破，这个过程起初速度较慢，经过一定的技术培植期，一旦通过技术拐点，就会遵循指数型增长模式，呈现爆发性增长。

2. 新旧劳动形态的迭代催生新的职业形态

每一次劳动形态的升级，都会使部分岗位出现马克思所讲的"机器排挤人"的现象，会使人产生被机器替代的恐慌。马克思曾经指出，"技术的变革造成的机器取代了人工，致使很多人面临生存问题，但同时也会催生新行业新领域新岗位"②。如第一次工业革命时期，纺织机的发明造成纺织女工失业，蒸汽机的出现对传统运输业造成冲击，但是伴随着生产力的解放，钢铁冶炼、机器制造、设备维修等众多高技能的行业和岗位产生了。自动化生产线的投入运行降低了对活劳动的消耗量，人们担心生产自动化会导致对劳动者数量的需求降低，但实际情况是，自动化促进生产力向更高水平发展，在提高劳动效率的同时，开辟出了新的生产领域，促进了生产的深化，进一步扩大了就业。进入智能劳动时代，智能劳动使传统职业劳动内容发生变革。2013 年英国牛津大学教授弗雷（Carl B. Frey）和奥斯伯恩（Michael A. Osborne）发布了一份题为《就业的未来：工作对计算机化有多敏感？》（*The Future of Employment: How Susceptible are Jobs to Computerization?*）的研究报告，预计未来 10 年或者 20 年，美国约 47% 的工作岗位有被机器人取代的风险，甚至一些具有创造性的专业岗位也不例

---

① 中山秀太郎. 技术史入门 [M]. 姜振寰，庞铁榆，译. 哈尔滨：黑龙江科学技术出版社，1985：97.
② 李鸿磊. 工业 4.0 时代商业模式的特征与趋势 [J]. 现代管理科学，2017（5）：58-60.

外。与此同时，智能劳动生产一线的新兴职业需求会剧增。2019年4月，我国人力资源和社会保障部、市场监管总局、统计局正式向社会发布了13个新兴职业，分别是人工智能工程技术人员、物联网工程技术人员、大数据工程技术人员、云计算工程技术人员、数字化管理师、建筑信息模型技术员、电子竞技运营师、电子竞技员、无人机驾驶员、农业经理人、物联网安装调试员、工业机器人系统操作员、工业机器人系统运维员。总体来看，劳动形态的更替会导致一些就业机会消失，但同时创造了新的更高层次的劳动力需求，催生出需要更高技能水平和素质的行业与岗位。人们将从传统就业领域转移到新的就业领域，且为了配合劳动形态的迭代和职业的更替，不断提升自身的能力和水平。

3. 新的劳动形态取代旧的劳动形态是一个渐进的过程

新的劳动形态并不会完全取代旧的劳动形态，而是逐步替代、有限替代、交融并存人类劳动形态的迭代。这一方面是由于技术的发展是渐进的，劳动形态的全面更替所需要的全面技术支撑不能在同一时间完全实现；另一方面是因为人类对劳动的需求是多样的，各种劳动形态各有其独特的存在价值，均有存在的空间。可以说，新的劳动形态对旧的劳动形态的取代是一个柔性转换、有限替代、交融并存的过程。在机器劳动时代，虽然机器劳动占据主体地位，但其仍然需要与手工劳动相配合。同样，智能劳动的诞生与发展，也不会将手工劳动、机器劳动全部排挤出局。关于智能劳动对现有劳动形式的替代，目前有以下几种代表性观点。一是智能劳动首先取代的是"易被结构化、定式化"的工作。麻省理工学院教授埃里克·布林约尔弗森（Erik Brynjolfsson）研究表明，目的明确的信息处理工作和分析业务大多会被自动化，因此，即使是某些专业性较强的工作，若能够在一定程度上被定式化，就有被人工智能取代的可能。[①] 二是人工智能难以代替需要创新思维、高端技能的职业。《就业的未来：工作对计

---

① 躲开"人工智能"，或许是未来教育的重要"选题"[EB/OL]. 个人图书馆，2017-06-22.

算机化有多敏感?》这一报告指出，在未来20年，需要创新思维、高端技能的职业难以被人工智能代替，包括艺术、传媒和司法等领域的职业。[①]三是需要面对面、提供定制化和个性化服务的岗位与需要无意识的技能和直觉的手工劳动、体力劳动暂时还不会被智能劳动所取代。摩根士丹利研究团队对未来10年或者20年15种职业被机器人替代的可能性进行了预测。其中，记者的失业概率为11%，失业概率最低的是内科与外科医生和小学教师，只有0.4%。而且，从生产实际来看，智能劳动的价值创造离不开简单劳动的辅助。例如：网络营销属于智能产业，但物流环节的送货则是简单劳动；共享单车属于智能产业，但共享单车的检修、搬运却属于简单劳动。手工劳动、机器劳动虽在价值创造上与智能劳动相比具有一定差距，但智能劳动仍需要一定量的手工劳动、机器劳动与之配合。

（二）不同劳动形态对劳动者的素质要求不同

在手工劳动中，人是劳动的主体，人操作着工具。在机器劳动中，虽然机器代替了一些劳动者，但"自然界没有制造出任何机器，没有制造出机车、铁路、电报、走锭精纺机等等。它们是人类劳动的产物，是变成了人类意志驾驭自然的器官或人类在自然界活动的器官的自然物质"[②]。机器不会主动劳动，机器运行需要人的现场控制。在智能劳动中，智能劳动系统能模拟人的智能，但自然科学家和工程师们还没有发明出可以脱离人而独立运行的人工智能系统，需要做到人机一体。各种劳动形态对劳动者的素质要求是不同的。在手工劳动时代，人的身体是直接可以利用的器具，身体的功能被充分使用，劳动过程是劳动者自然力的简单支出，劳动者均是从事直接劳动的劳动力，体力劳动者处于中心地位。手工劳动对劳动者的素质要求以体力要求为主，要求劳动者具备较强的身体机能和简单的专门技艺。在机器劳动时代，一方面，社会的专业分工越来越细，许多相对

---

① 李鸿磊. 工业4.0时代商业模式的特征与趋势 [J]. 现代管理科学，2017（5）：58-60.
② 中共中央马克思恩格斯列宁斯大林著作编译局. 马克思恩格斯全集：第19卷 [M]. 北京：人民出版社，2006：219.

独立的生产环节分离出来,形成独立的行业。马克思指出,"随着劳动过程本身的协作性的发展,生产劳动和它的承担者生产工人的概念也就必然扩大。为了从事生产劳动,现在不一定要亲自动手;只要成为总体工人的一个器官,完成他所属的某一职能就够了"①。另一方面,那些分离出来的劳动职能和生产过程又以直接或间接的方式(主要是提供服务)参与生产过程,表现为整体的劳动。因此,机器劳动扩大了生产工人的范畴和生产劳动的范围,体力劳动者与智力劳动者在劳动中共同创造物质财富,其中直接从事生产的工人占劳动力的80%。② 机器劳动要求一部分劳动者具备能够承受高强度重复劳动的身体素质、遵守规则的劳动态度和从事工厂生产流程中某一部分固定工作的简单技艺,而要求另一部分劳动者掌握先进的科学技术,对劳动者的总体素质要求是"体力和脑力并举"。在智能劳动时代,生产线通过大量的脑力劳动来维系,即由人预先编制的、发挥"大脑"作用的复杂的软件系统来组织、指挥机器进行产品生产。劳动方式从直接使用工具转为完成研发智能机器和编写程序的知识劳动以及生产过程中的系统操作与运维等工作。智能劳动系统不是一个纯粹的物化工具,人工智能在一定程度上替代了人类的体力付出,模拟了人的敏锐的感觉和思维能力,在人们的生产生活中居于越来越重要的地位,而操控人工智能成为以消耗智力为主的劳动,智力劳动者成为生产劳动者的主体。根据麦肯锡全球研究院对未来技能人才的需求判断,增长最强劲的需求将是对技术技能的需求。对领导和管理他人等社交和情感技能的需求将增加24%,对包括基本数据输入和处理在内的基本认知技能的需求将下降15%,对包括一般设备操作在内的体力和技能的需求也将下降14%,企业对高技能工人的争抢将会加剧。总体来看,劳动者的素养必须向智慧化方向发展,不仅要具备专业领域的技能,而且要具备各个行业智能劳动普遍需要并要求日渐提高的基本数字技能、编程、网络安全管理等通用性技

---

① 马克思. 资本论:第一卷 [M]. 北京:人民出版社,2004:582.
② 魏埙. 马克思劳动价值论的继承与发展 [J]. 南开学报,2002(1):5-6.

能，要具备分析能力、沟通技巧、将数字信息应用于客户的能力，以及更好的管理和领导技能。①

（三）新时代的劳动形态新旧交融、多元并存，对劳动者提出新要求

新时代的劳动形态处在进一步向智能劳动迭代的进程之中，呈现出新旧交融、多元并存的状态。不论处于哪种劳动形态，劳动者的劳动观、劳动品质、劳动能力等都是劳动的基础，也是影响社会发展的关键因素。

1. 劳动工具趋向"类人化"，需要重新确立人类在劳动中的存在价值

在手工劳动时代，劳动工具帮助人，人通过劳动，满足了基本生存需求——以食果腹、以衣遮体，人的主体价值得到充分彰显。在机器劳动时代，劳动工具代替人的技能，人是机器生产现场不可缺少的"智能附庸"，工人利用自身的感觉器官去观察加工对象，并在此基础上调整机器动作，从而使机器能够基于工人的感知功能提供的信息反馈发挥作用。而到了智能劳动时代，智能劳动工具进入了模拟人工智能的阶段，人工智能与人的智能的相似度越来越高，所能取代的岗位越来越多。总体来看，当前伴随劳动形态的迭代、劳动工具对劳动者的替代度的逐渐提高及其"类人"的深度和广度的不断演进，人类面临在劳动中寻找自我价值定位的困惑。"通过劳动创造新的自我"成为新时代劳动者的价值追求之一，人不同于其他生物的根本特征就在于人追求自我价值与生存意义。劳动是标志人的本性的活动，是人的生命活动，是人类社会独有的、自觉的对象化实践，人需要借助劳动实现自我价值和全面发展。在多元劳动形态并存的时代，人通过智能工具和科技劳动等控制生活，通过文学和艺术劳动等享受生活，通过历史、科学、宗教和哲学等方面的思辨性劳动理解生活，人自我存在的本质力量在对象化的活动中实现自我创造，在劳动中达到自我实现

---

① 如何加快培养应用型紧缺人才？这个综合服务平台成立了［EB/OL］.澎湃新闻，2019-08-07.

和心灵的满足,从而更加确证自我存在的价值。总之,当前多元劳动形态并存,人并不像商品那样是一个人工制造物,而是一个真正具有生命力的个体。只有从事越来越人性化和智能化的劳动,才能发挥"劳动创造人、劳动服务人、劳动发展人"的功能,让"劳动造就人"的价值观在更高层次得到回归。

2. 人的主要劳动内容趋向智慧劳动、创造劳动、情绪劳动

随着人工智能模拟人类智能的进一步实现,这要求劳动者不仅具备专业技术能力,同时具备复合素质当前,多元劳动形态并存,智能技术逐步成熟。人的主要劳动内容发生变化,相应带来对劳动者要求的变化。第一,当前生产劳动逐渐转变为科学劳动,复杂脑力劳动日渐增多,科技劳动、管理劳动等智慧型劳动处于中心地位,受过专业训练的技术型工人和与生产直接相关的科技人员及负责成果转化的工程人员、生产管理者占比逐渐增大,从事知识生产和传播的劳动者占比加大,这要求劳动者具备在专业领域从事智慧劳动的能力。第二,当前科学技术的发展速度加快,科学技术上的新发现和发明推广运用到生产中的周期缩短,因此新时代多元劳动形态下的工作内容是弹性的,工作性质和内容随着越来越多的领域实现了自动化而发生改变,特别是当前人工智能仍处在发展进程中,这要求劳动者不断学习和接受系统的训练以掌握智能劳动的新技术、智能机器的新的控制方法,实现熟练操作和使用。第三,当前智能劳动强势发展。智能劳动是由一系列重大技术创新构成的通用技术集群推动的,包括新一代互联网技术、新一代信息技术、先进制造技术、生命科学技术、新材料技术以及可再生能源技术等。这些技术无不以创新为核心特征。创新构成核心驱动力量,创新是动力基础,人才是创新劳动的灵魂。未来劳动者必须提升思维能力、科研能力、设计创作能力、技术转化能力等。古人类学家安德烈·勒鲁瓦-古兰(Andre Broiler- Gourmand)总结认为,人在发明工具的同时,也在技术中进行自我发明——自我实现技术化的外在化,实现

人的自我创新①。而且从人工智能的发展来看，人所从事的开发工程与基于系统整体的复杂情况的决策，是机器替代不了的，而且会越来越重要，因此劳动者需要提升创造力。

3. 劳动对象趋向虚拟化，但人仍然要掌握从事实体劳动的基本劳动能力

2018年习近平总书记在广东考察期间，在视察格力电器股份有限公司时强调了实体经济的重要作用，指出实体经济是一国的立身之本、财富之源，经济发展任何时候都不能脱实向虚。在21世纪初，美国资本市场靠操作所从事的单纯作业总体会减少，生产系统的全系统运行维护和调整工作等兼容性业务会增加，劳动者不仅需要掌握专门的劳动技能，而且需要全面提升劳动项目管理与经营能力、合作能力、产品推广能力等。因此，未来的劳动力市场更青睐对某个领域有深入认识且在其他相关领域有相当知识，具备跨界整合能力的"一专多能"型专业人员。同样，在智能劳动生产线上，需要掌控大局的工作比例会增加，劳动者要通晓智慧生产中此任务与彼任务之间的联系，在工作中更加需要与人交流、协调，需要提升统筹、沟通和协调能力。2017年澳大利亚青年基金会发布的报告《新基础：大数据显示就业新常态下年轻人所需技能》指出，3年里企业技能需求的变化为：在相互作用技能方面，沟通技能提高12%，关系构建技能提高15%，团队协作技能提高19%，表达技能提高25%。②因此，沟通与协作技能应是当前多元劳动形态下劳动者的必备素质。

（四）新时代的劳动形态新旧融合、多元并存对劳动教育的要求

手工劳动时代的劳动方法主要依靠劳动者口口相传、手把手的传授，例如，一个工匠在手工作坊劳动过程中，靠师傅的传授和自身经验的积累学得一种专门手艺从而终生从事这种专门劳动。在机器劳动时代，劳动者

---

① 斯蒂格勒. 技术与时间：爱比米修斯的过失［M］. 裴程，译. 南京：译林出版社，2012：155.
② 袁靖宇. 高校人才培养方案修订的若干问题［J］. 中国高教研究，2019（2）：6-9.

要胜任岗位，就需要接受独立于劳动过程的专门教育、培养和训练。正像马克思指出的，"要改变一般的人的本性，使它获得一定劳动部门的技能和技巧，成为发达的和专门的劳动力，就要有一定的教育和训练"①。因而社会上出现了生产过程的参与者的教育与直接的社会生产劳动过程的分离，劳动者必须依靠科学与教育。当前多元劳动形态并存，全面提高劳动者素质，同样需要强调劳动教育。

1. 教育目的：立德树人

新时代我国中小学校劳动育人家校协同教育是基于人、培养人、发展人的教育，最终目的是"立德树人"。其内涵包括三个方面。一是劳动价值观的树立。这包括塑造正确的劳动价值观，懂得"美好生活靠劳动创造"等道理，感受到在劳动中的自我成长等；塑造正确的劳动过程观，懂得"一分耕耘一分收获""劳动来不得半点虚假""空谈误国，实干兴邦"等；塑造正确的劳动技能观，懂得"业精于勤荒于嬉"，理解劳动需要锲而不舍、精益求精、追求卓越、勇于创新等；塑造正确的劳动成果观，懂得赞赏别人的劳动成果、珍惜劳动成果等。二是劳动习惯与品质的养成。要培养劳动的责任感、坚韧性、诚信度、创造性，其中包括培养职业劳动观、职业价值观，教育中小学生服务社会、服务他人、为职业做准备。黑格尔在论述劳动的实践教育目的时，也侧重于劳动习惯的培养。他说："通过劳动的实践教育首先在于使做事的需要和一般的勤劳习惯自然地产生；其次，在于限制人的活动，即一方面使其活动适应物质的性质，另一方面，而且是主要的，使能适应别人的任性；最后，在于通过这种训练而产生客观活动的习惯和普遍有效的技能的习惯。"② 劳动习惯与品质的培养主要通过思想教育、劳动法规学习与劳动体验。三是劳动知识和技能的培

---

① 中共中央马克思恩格斯列宁斯大林著作编译局. 马克思恩格斯全集：第23卷 [M]. 北京：人民出版社，2006：195.
② 冯川. 黑格尔《法哲学原理》的道德哲学研究 [M]. 北京：中国社会科学出版社，2013：209.

养。借鉴罗米斯佐斯基（Malinowski, A.J）的智能结构论，可以认为：劳动知识的教育是指传递信息，包括事实、程序、概念与原理四种类型；培养的技能则包括认知、动作、反应与交互四种类型，并且有再生性技能与创生性技能之别。[①] 劳动知识与技能的学习主要通过劳动实践锻炼与技术习得。

2. 教育内容：树立一种新旧兼容和不断发展的内容观

在多元劳动形态并存的背景下，中小学校劳动项目各有其教育价值。苏霍姆林斯基非常注意组织中小学生参加机械化的生产劳动；同时，对手工劳动甚至粗笨的体力劳动也极为重视。然而由此却招来了非难：在一个机械化的时代，儿童还用简单的工具进行手工劳动，似乎太不合时宜了。但是，苏霍姆林斯基却坚持："必须使手工劳动和机械化劳动相结合，既发展头脑，又发展双手"[②]。他说，儿童的智慧在他的手指尖上。帕夫雷什的所有儿童还在上小学时就能开动专门为他们设计的许多机器。苏霍姆林斯基主张手工劳动与机械化劳动二者并重，这一原则起源于其精神上的导师马卡连柯，同时，也是在其自己"全面和谐发展"理论的基础上发展起来的。新时代劳动教育也应体现这种兼容的内容观，应是一定体力劳动基础上的体脑合一、身心合一、知行合一、学创合一的劳动教育。新时代多元劳动形态并存，最有价值的劳动教育内容也在不断变化。企业和组织的运行方式呈现根本性的转变，这也相应带来劳动教育内容和重点的改变。面对人工智能、大数据、云计算、物联网、区块链、智能制造、虚拟现实等新兴领域，劳动教育内容也应不断迭代，与时俱进。应推出与新兴领域相匹配的劳动教育课程体系，确保劳动教育与现实社会生产生活实际合拍，确保中小学生通过劳动教育所获得的素养与技能有"用武之地"，使中小学生获得劳动的成就感。

[①] 盛群力. 分类教学设计论：罗米索斯基论知能结构、学习模型与教学策略［J］. 远程教育杂志，2010，28（1）：25-35.

[②] 苏霍姆林斯基. 苏霍姆林斯基选集：第二卷［M］. 北京：教育科学出版社，2001：342.

3. 教育方法：坚持教育与生产劳动相结合

马克思认为，"生产劳动同智育和体育相结合，它不仅是提高社会生产的一种方法，而且是造就全面发展的人的唯一方法"[1]。马克思将教育和生产劳动相结合看作现代大生产和现代社会条件下现代教育的组成部分和基本特征，看作造就全面发展的人的重要条件。这种教育要中小学生了解生产中各个过程的基本原理，同时使他们获得运用各种最简单的生产工具的技能。[2] 劳动形态的发展、劳动者素质的提高依赖于科研的进步和学校教育。只有自觉地运用教育与生产劳动相结合的方式，才能培养出全面发展的新时代劳动者。因此，劳动教育应构建教育与生产劳动互相促进的正向反馈系统：劳动形态升级促使更多劳动者接受更高水平的教育培训，这会反向推动有关部门加大教育培训投入，提升培训质量，而劳动者经过劳动教育，不仅提升了素质，适应了新的生产力发展水平，而且会继续推动技术革新，促进新一轮的技术革命。只有全面发展的劳动者才能满足现代大生产的要求，才能更好更快地提高社会生产力。

---

[1] 中共中央马克思恩格斯列宁斯大林著作编译局. 马克思恩格斯全集：第23卷[M]. 北京：人民出版社，2006：530.
[2] 中共中央马克思恩格斯列宁斯大林著作编译局. 马克思恩格斯全集：第16卷[M]. 北京：人民出版社，2006：218.

第二章

新时代中小学校劳动育人理论的发展与创新

中小学校把劳动教育的理论知识应用于实践活动，以及中小学生参加生产劳动，是新时代教育的重要组成部分。2018年全国教育大会上，习近平总书记要求把劳动教育纳入培养社会主义建设者和接班人的总体要求之中，明确提出构建德智体美劳全面培养的教育体系。这一思想指引历史性地把劳动教育从传统意义上促进中小学生全面发展的有效途径提升为重要教育内容，也预示着新时代劳动教育需要有不同于以往的新体系、新设计。① 为此，准确辨析新时代中小学校劳动育人理论的内涵与外延，是进行新时代中小学校劳动育人家校协同教育模式研究的基础性工作。

第一节 概念辨析

内涵与外延是对概念指称的事物本质属性及其适应范围的概括。② 辨析新时代中小学校劳动育人家校协同教育概念的内涵与外延，就是在辨析其属性概念——在劳动教育的内涵实质基础上，紧扣"新时代""中小学校""劳动育人"和"家校协同"四词反映的特点，进一步明确新时代中

---

① 刘美娟. 劳动教育的时代价值与落实机制 [J]. 法制与社会, 2019 (16)：241-242.
② 张留华. 数学、指号学与实用主义：皮尔士哲学的逻辑面向 [D]. 上海：华东师范大学，2011.

小学校劳动育人家校协同教育应该是什么、教什么和怎么教。

一、劳动

何为劳动？有学者认为："劳动是指人类有目的地用自己的体力和智力改变自然界，使之成为满足人类生活所需要的物品的实践活动。根据劳动的过程、对象、产品等要素的不同，劳动有不同的范畴划分和表现形式，具体可分为脑力劳动和体力劳动、简单劳动和复杂劳动、物质生产劳动和精神生产劳动、生产性劳动和服务性劳动。"① 然而，在马克思看来，"整个所谓世界历史不外是人通过人的劳动而诞生的过程"②。他对劳动的定义是："劳动首先是人和自然之间的过程，是人以自身的活动来引起、调整和控制人和自然之间的物质变换的过程。"③ 劳动是主观作用于客观的实践活动，是实际的改变外部世界和周围环境的对象性活动，它是社会发展的基础，而先进的生产力是社会历史发展的最终决定性力量。生产力是由多种要素构成的复杂系统。马克思主义者认为，决定生产力水平的三个基本要素是劳动者、劳动资料与劳动对象。生产力是在劳动者、劳动资料和劳动对象三者的交互作用下形成的。

劳动者是具有基本的劳动能力、必要的劳动技能和一定的生产经验并参与生产过程的人。马克思曾经说过："人本身是他自己的物质生产的基础，也是他进行的其他各种生产的基础。因此，所有对人这个生产主体发生影响的情况，都会在或大或小的程度上改变人的各种职能和活动。"④ 一方面，人类通过劳动创造物、使用物，不断改进和提高物的性能，进而改

---

① 王伯鲁. 马克思劳动技术思想探析 [J]. 马克思主义理论教学与研究，2021，1 (4)：55-68，87.
② 中共中央马克思恩格斯列宁斯大林著作编译局. 马克思恩格斯全集：第1卷 [M]. 北京：人民出版社，2006：196.
③ 中共中央马克思恩格斯列宁斯大林著作编译局. 马克思恩格斯全集：第23卷 [M]. 北京：人民出版社，2006：201.
④ 中共中央马克思恩格斯列宁斯大林著作编译局. 马克思恩格斯全集：第26卷 [M]. 北京：人民出版社，2006：300.

变自然、创造世界；另一方面，人类在改造自然世界过程中，其生存内容更加充实和丰厚，不仅生理和体能获得发展，心智和人格得到提升，而且劳动技能得到发展，艺术情操得到涵养，真正实现了"劳动创造了人自身"，可以说，人的自由发展和完整实现都取决于劳动。劳动对象包括直接从自然界中获得的资料和经过劳动加工而创造出来的材料。纵观人类劳动史，劳动对象逐步拓展，反映出人类改造自然的能力不断提升。自然不断被人化，人化的自然不断扩张，非人化的自然不断退缩，这是历史发展的大体趋势。[1] 劳动资料是劳动者用以作用于劳动对象的单个物或物的综合体，包括人们在劳动过程中所必需的物质条件。劳动工具是人类肢体的延伸和拓展，在本质上是人的外化功能体。黑格尔认为，"劳动通过各色各样的过程，加工于自然界所直接提供的物资，使合乎这些诸多的目的"[2]。在马克思看来，"……各种经济时代的区别，不在于生产什么，而在于怎样生产，用什么劳动资料生产……劳动资料不仅是人类劳动力发展的测量器，而且是劳动借以进行的社会关系的指示器"[3]。他还指出了劳动工具与社会生产时代特征的相关性，认为"劳动工具更能显示一个社会生产时代的具有决定意义的特征"[4]。由此可见，劳动工具是影响"人与自然界的关系"的重要因素，劳动者劳动目的的实现、劳动价值的体现受到客观条件的制约。

综上所述，劳动者是生产力系统中的能动要素，劳动对象是指生产过程中被加工的东西，而劳动工具对生产力发展发挥着重要作用。在每一次产业革命中，都是人改造劳动工具，进而改造自然世界引发生产力变革，

---

[1] 黄云明. 马克思劳动伦理思想的哲学研究 [M]. 北京：人民出版社，2015：56.
[2] 冯川. 黑格尔《法哲学原理》的道德哲学研究 [M]. 北京：中国社会科学出版社，2013：238.
[3] 中共中央马克思恩格斯列宁斯大林著作编译局. 马克思恩格斯全集：第5卷 [M]. 北京：人民出版社，2006：210.
[4] 中共中央马克思恩格斯列宁斯大林著作编译局. 马克思恩格斯全集：第23卷 [M]. 北京：人民出版社，2006：204.

最终推动人类社会历史不断向前发展。人类社会历史就是劳动工具不断改进的历史。因此，依据人类劳动史上各阶段主要使用的劳动工具，人类劳动形态可以分为手工劳动、机器劳动、智能劳动三种。随着劳动工具的变化，劳动形态不断迭代、更替、演进，生产力的三要素（劳动对象、劳动工具、劳动者）及其关系也在发生变化。

二、劳动教育

劳动教育是一个复杂且多义的概念，对于它的界定，学术界仁者见仁、智者见智。苏霍姆林斯基指出："'劳动教育'这个词组是不可分割的，因为教育只是在它具有劳动的含义时，才成为教育。"① 中小学校不应有离开劳动的教育，也不应有缺失教育的劳动。"劳动"与"教育""不可分割"，是指劳动与教育两者之间不应该、不允许被分割。然而在现实教育工作中，两者常常相互脱节，遭到人为分割。苏霍姆林斯基批评一些学校的"劳动"和"劳动教育"不是一回事，其"致命缺点在于未能把劳动与教育紧密结合起来"②。学者顾建军认为，劳动教育"贯穿在一个精神、两个态度、三个行为、四个观念之中"。"一个精神"就是劳动精神，这是劳动教育的核心目标；"两个态度"就是崇尚劳动、尊重劳动；"三个行为"就是辛勤劳动、诚实劳动、创造性劳动；"四个观念"就是劳动最光荣、劳动最崇高、劳动最伟大、劳动最美丽。③《中国大百科全书·教育》收录了四个与劳动教育相关的词条："劳动技术教育""综合技术教育""基本生产技术教育"和"劳动教育"。其中，劳动技术教育是"培养学生的劳动观点，形成劳动习惯，并使学生初步掌握一定劳动技术知识和技能的教育"④。综合技术教育是"同单一技术教育、专业技术

---

① 苏霍姆林斯基. 苏霍姆林斯基选集：第一卷［M］. 北京：教育科学出版社，2001：803.
② 苏霍姆林斯基. 苏霍姆林斯基选集：第一卷［M］. 北京：教育科学出版社，2001：807.
③ 劳动教育要抓住灵魂科学实施［N］. 中国教育报，2018-11-28（6）.
④ 姜椿芳，梅益. 中国大百科全书：教育［M］. 北京：中国大百科全书出版社，1994：217.

教育或职业技术教育相对，一种使青少年认识并掌握现代生产的一般基本知识和技能的教育"①。基本生产技术教育则同综合技术教育的含义相近。总而言之，劳动教育是"使学生树立正确的劳动观点和劳动态度，热爱劳动和劳动人民，养成劳动习惯的教育，是德育的内容之一"②。而《中国百科大辞典》则指出："劳动技术教育是全面发展教育的重要组成部分之一，由劳动教育和技术教育两方面组成，劳动教育是以劳动实践为主，结合进行思想教育"③。由此可见，持不同立场、不同视角的学者，对劳动教育的认识和理解是不一致的。基于对劳动教育性质、目的认知的差异，目前劳动教育的内涵与外延呈现出多元化的状态，大致可以分为以下五类。

一是认为劳动教育是德育的一项重要内容。如《辞海》的定义是"劳动教育是德育的内容之一，对学生进行热爱劳动和劳动人民、珍惜劳动成果、树立正确的劳动观念和劳动态度、通过日常生活培养劳动习惯和技能的教育活动"④。《中国大百科全书》将劳动教育定义为"使学生树立正确的劳动观点和劳动态度，热爱劳动和劳动人民，养成劳动习惯的教育，是德育的内容之一"⑤。在上述两种定义中，都把劳动教育作为德育内容的一部分，强调劳动教育的德育属性。

二是认为劳动教育是智育的一项重要内容。如《精神文明建设大典》直接将劳动教育定义为"培养学生具有现代工农业生产的基本知识和基本技能的教育"⑥。《教育大辞典》将劳动教育定义为"劳动、生产、技术和

---

① 姜椿芳，梅益. 中国大百科全书：教育 [M]. 北京：中国大百科全书出版社，1994：221.
② 姜椿芳，梅益. 中国大百科全书：教育 [M]. 北京：中国大百科全书出版社，1994：218.
③ 《中国百科大辞典》总委员会. 中国百科大辞典（普及版）[M]. 北京：中国大百科全书出版社，2005：460.
④ 夏征农. 辞海 [M]. 上海：上海辞书出版社，1999：383.
⑤ 姜椿芳，梅益. 中国大百科全书：教育 [M]. 北京：中国大百科全书出版社，1994：425.
⑥ 张蔚萍. 中国共产党精神文明建设大典：上卷 [M]. 北京：红旗出版社，1999：1677.

劳动素养方面的教育"①，该定义更加关注劳动教育的智育属性，强调的是培养学生的劳动技术知识和劳动技能。

三是认为劳动教育是综合德育和智育的一项重要内容。如《教师百科辞典》对劳动教育的定义是"劳动教育就是向受教育者传播现代生产的基本知识和基本技能，培养他们具有正确的劳动观点、劳动习惯和热爱劳动人民、劳动成果的感情"②。其主要任务是培养中小学生正确的劳动观点、劳动态度、劳动习惯，使中小学生获得工农业生产的基本知识和技能。也有学者认为，"劳动教育是使青少年学生获得正确劳动观念、劳动习惯、劳动情感、劳动精神，了解和懂得生产技术知识，掌握生活和劳动技能，在劳动创造中追求幸福感的育人活动。它包括劳动思想观念的教育、劳动技术知识和劳动技能的教育"③。在这些定义中，劳动教育兼有德育和智育的双重属性，既强调思想品德的教育，也重视劳动技能的培养。

四是认为劳动教育是促进中小学生全面发展的一种教育形式。如劳动教育是指"通过参加劳动实践活动所进行的一种有目的、有计划、有组织地培养受教育者多种素质的教育活动，是融德育、智育、体育、美育为一体的全面提高中小学生素质的综合性教育"④。"劳动教育是以提升学生劳动素养的方式促进学生全面发展的教育活动。"⑤ 在该定义中，劳动教育被视为一种综合性的教育形式，即通过让中小学生参加各种劳动实践活动，促进中小学生德智体美的全面发展。

五是认为劳动教育既是德育、智育的重要内容，也是促进中小学生全面发展的重要教育形式。如"所谓劳动教育，就是教育者向受教育者施加

---

① 顾明远．教育大辞典：第十一卷［M］．上海：上海教育出版社，1991：168.
② 本社编委会．教师百科辞典［M］．北京：社会科学文献出版社，1987：317.
③ 罗建文．论劳动教育是人生的第一教育［J］．教育伦理研究，2020（1）：264-280.
④ 欧阳康．新时期大学生文化素质教育及其实践导向［J］．教育研究，2012，33（2）：8-13.
⑤ 檀传宝．劳动教育的概念理解——如何认识劳动教育概念的基本内涵与基本特征［J］．中国教育学刊，2019（2）：82-84.

的一种以劳动观念、劳动习惯、生产技术知识、劳动技能为内容的教育活动,其目的在于培养受教育者热爱劳动、尊重劳动者、珍惜劳动果实的习惯,并使其获得一定的生产基本知识和劳动技能,最终促进劳动者的德智体美全面发展"[1]。

事实上,劳动教育的内涵随着时代的发展而不断创新。党的十八大以来,随着社会的发展和劳动、劳动教育内容的不断丰富,新时代的劳动教育也被赋予了新的时代内涵:劳动教育是中国特色社会主义教育制度的重要内容,是国民教育体系的重要内容,是中小学生成长的必要途径,具有树德、增智、强体、育美的综合育人价值;其重点是在系统的文化知识学习之外,有目的、有计划地组织中小学生参加日常生活劳动、生产劳动和服务性劳动,让中小学生动手实践、出力流汗,接受锻炼、磨炼意志;从而使中小学生能够理解和形成马克思主义劳动观,牢固树立劳动最光荣、劳动最崇高、劳动最伟大、劳动最美丽的观念;体会劳动创造美好生活,体认劳动不分贵贱,热爱劳动,尊重普通劳动者,培养勤俭、奋斗、创新、奉献的劳动精神;具备满足生存发展需要的基本劳动能力,形成良好劳动习惯。

三、劳动育人

劳动育人这一词汇由"劳动"和"育人"两个词构成,前者规定了劳动这一途径,后者规定了育人这一目的,两者并不是简单的结合,而是建立在马克思主义关于生产劳动与教育相结合原理和我们党关于教育同生产劳动和社会实践相结合教育方针基础之上的机理探索和具体运用。正如苏霍姆林斯基所指出的,"劳动是一种极为复杂的现象,它可以揭示人的思想、情感、智力、美感、心理状态、创造精神,揭示教育和自我教育的意义。人生育人,而劳动把人造就成真正的人"[2]。劳动是培育人和塑造人

---

[1] 洪明. 回到家庭谈德育[M]. 北京:中国青年出版社,2014:113.
[2] 苏霍姆林斯基. 苏霍姆林斯基选集:第一卷[M]. 北京:教育科学出版社,2001:624.

的关键途径和根本手段，必须牢牢把握劳动育人的价值导向，倘若脱离了育人目的，就不可能有真正的劳动，只能沦为被迫的、压抑的、强制的劳动手段，是低附加值的人类活动，是过时的劳动。

从内容角度看，劳动与育人本质上是一体的，育人活动本身就是劳动的一种。政治经济学视阈中的劳动是创造价值的唯一源泉，劳动推动了社会经济发展，创造了丰富的物质产品和精神产品，从而为人的全面发展提供了物质保障和现实基础。教育学视阈中的劳动是育人的唯一途径和根本手段，通过劳动人们能够全面地锻炼和施展智力和体力各方面的才能，使人们在思想观念、道德修养、意志品质、行为习惯等各方面得到改善和提高。从主体角度看，劳动者和受教育者是一体的，每个人是受教育者也是劳动者，不能简单地以中小学校为界将劳动与教育分开。社会生产劳动与各种形态的劳动都是具有育人功能的劳动，劳动者接受中小学校教育目的在于获取劳动知识与技能以及劳动所需的各种品质素养，在终身学习的时代环境下，已经参与社会生产的劳动者也应该不断加强学习，获得德智体美劳各个方面的不断提升和发展，从而为自己、为社会创造出更大的劳动价值。

综上所述，劳动育人是指中小学校通过积极策划、引导、组织、激励人们参与不同形式的劳动包括日常生活劳动、生产劳动和服务性劳动等，树立人们正确的劳动价值观和劳动精神、培育积极的劳动情感和态度、养成良好的劳动品德以及现代品质、提升劳动技能和创新能力、形成持久的劳动习惯的实践过程。在这一育人实践过程中，劳动具有促进劳动者德智体美全面发展的综合育人功能，有利于培养出拥护中国共产党领导和我国社会主义制度、为中国特色社会主义事业奋斗终生的有用人才。

四、家校协同劳动育人

家庭是社会的基本细胞，也是人生的第一所学校。家长是孩子的第一任老师，家庭是实施劳动育人的重要场所。劳动育人家校协同，旨在推行劳动教育、培养劳动观念、提高劳动技能的教育中，应综合发挥中小学校和家庭的双重作用，在充分发挥中小学校教育的同时，合理利用家庭的阵地作用，通过在家庭生活中确立热爱劳动的家风和家教，实现生产劳动与中小学校教育相结合、与家庭教育相结合，在发挥好中小学校教育主体性作用的同时，充分发挥家庭劳动育人的辅助作用，实现中小学生校内校外、家里家外相互融合的劳动育人。

在劳动育人模式下，中小学校承担着培育现代化人才、提高中小学生综合能力的重要使命。中小学校是战略主体，发挥着主体性、导向性作用。中小学校所具备的人才遴选和教育功能是本源性的，国家、政府以及社会组织创建中小学校的根本目的都是服务并服从国家和未来社会事业的发展。创建中小学校的目的就是教育年轻一代，把他们培养成为能够为公众忠诚服务的合格人才。2001年1月，中共中央办公厅、国务院办公厅颁发的《关于适应新形势进一步加强和改进中小学德育工作的意见》明确指出，"要组织学生适当参加一定的物质生产劳动，把它作为一门必修课纳入教学计划"[1]。中小学校要不忘初心、牢记使命，把中小学校建设成劳动育人的主阵地，坚持以人为本，安排必修课程、建设校内劳动基地、利用校外社会资源、开发劳动校本课程、开展综合劳动技能展示，探索创建劳动育人新模式。

家校协同劳动育人，要求我们在人才培养中，应该牢牢抓住中小学校和家庭的共同体属性，加强热爱劳动、崇尚劳动的家风、家教和家庭建设，让家庭成为中小学生进行劳动学习的重要场所。在劳动育人"家校协同体"建设中，家长应鼓励孩子自觉参与劳动，自己动手，随时随地、坚持不懈地进行劳动；要鼓励孩子利用节假日参加社会劳动；在建设家庭文化时，树立起崇尚劳动的家风，让孩子从小养成热爱劳动的习惯；要积极配合，并主动参与中小学校、社区和妇联等公益性组织开展的中小学生生

---

[1] 中共中央办公厅 国务院办公厅关于适应新形势进一步加强和改进中小学德育工作的意见 [EB/OL]. 中国政府网，2000-12-14.

活技能展示活动，加强对家庭劳动育人的指导。自觉主动地加入劳动育人机制之内，发挥好辅助作用，与中小学校一起，共同培育德、智、体、美、劳五位一体的社会主义现代化建设人才。

五、家校协同体

在古希腊语系中，"协同"主要是指协和、同步、和谐、协作、合作，是主体之间通过互通资源以及相互配合的方式共同地完成某项工作，走向成功。《说文解字》中保留了古希腊语系中"协同"的概念界定，同时结合中国本土文化特征和文学习惯，将"协同"定义为"协，众之同和也。同，合会也"[①]。按照《说文解字》的观点，所谓"协同"，主要指协调两个或者两个以上的不同资源或者个体，协同一致地完成某一目标的过程或能力。同样强调不同主体之间通过通力合作、相互配合，合力实现或共同完成某项任务。"体"除了包含生物的身体，即本体的含义之外，也指事物的本身或全部、格局或体系。相对于生物或事物发展的各自功能和不同阶段，"体"强调整体之余部分的统筹、引领、导向性功能。

本书立足我国当前劳动育人现实状况，结合长期盛行的劳动育人主流思想，提出了劳动育人"家校协同体"的概念。家校协同体主要是指在劳动育人的完成过程中，需要协中小学校和家庭之能力，同中小学校和家庭之合力，共同达成劳动育人之最终目标。具体而言，主要包含两层含义：第一，在协同好中小学校和家庭的共同能力时，应该主动将中小学校和家庭两个各具特色的个体视为一个统一的整体。在家庭、中小学校的协同体的体系内部，二者地位相互平等；在功能上，二者应该主动发挥好相互协调、协作和合作的作用；在程序上，二者应该彼此协商，同步发挥作用。第二，作为一个整体中的个体，中小学校和家庭在劳动育人中应不断优化资源组合，在资源组合中发挥好各自不同的功能，形成合力。如中小学校

[①] 许慎. 说文解字注[M]. 上海：上海古籍出版社，1981：342.

应该整合课程资源优势、师资优势、校园文化优势等资源,协助家庭教育,完成劳动育人。家庭应该整合家风、家教、家庭环境等资源优势,协助中小学校教育,实现劳动育人目标。

第二节 劳动育人的理论基础

新时代劳动育人的理论基础是在我国的中小学校教育实践中随着对劳动教育认识的深化而逐渐发展完善的,它的发展完善离不开马克思主义经典理论家的劳动教育观、中国共产党的劳动教育观的滋养和支撑。

一、马克思劳动理论

劳动是财富的源泉,也是幸福的源泉,这是马克思劳动理论的基本原理。在马克思主义的经典著作中,关于劳动的论述很多。从某种程度上讲,马克思主义的整个思想体系是围绕着劳动问题展开的,如《1844 年经济学哲学手稿》提出了"异化劳动",《德意志意识形态》提出了"物质生产劳动",《资本论》和很多手稿则是围绕"雇佣劳动""剩余劳动""自主劳动"等展开论述的。[1] 马克思主义把劳动与教育的结合看作是"造就全面发展的人的唯一方法"。马克思主义的出发点是通过教育与劳动的结合,实现"给每一个人提供全面发展和表现自己全部的即体力的和脑力的能力的机会"。但是,马克思主义"教劳结合"论断中所说的劳动,指的是体力劳动和以体力劳动为内容的"生产劳动"。[2] 相应地,"劳动教育"语境中的"劳动"主要指的是体力劳动与物质生产劳动的实践活动。

---

[1] 姜锡润,马健. 劳动与人的规定性:对马克思"劳动观"的解读 [J]. 马克思主义哲学研究,2008 (0):169-178.

[2] 刘世峰. 对"教劳结合"中的"教"和"劳"的再认识 [J]. 华东师范大学学报(教育科学版),1995 (3):37-44.

马克思对人类劳动的基本价值进行的分析主要表现为劳动创造世界、劳动创造历史和劳动创造人本身三大主张。

(一) 劳动创造世界

马克思认为，构成人类赖以存在的现实世界的关键要素之一正是人的劳动，而且这种劳动是现实生活中的人的感性物质劳动，即作为人类实践活动最基本形式的"生产劳动"。马克思认为，这是区分人与动物的关键。"当人开始生产自己的生活资料，即迈出由他们的肉体组织所决定的这一步时，人本身就开始将自己和动物区别开来。人们生产自己的生活资料，同时间接地生产着自己的物质生活本身。"① 从这里可以看出，人类生产劳动都是有意识、有目的的活动，试图创造出一个可以满足人类生活需要的物质世界。也正是通过劳动，人类和外部世界的关系才发生了根本性的转变，原先自在意义的自然世界逐渐成为自为意义的人类世界。在这一世界中，关键性的问题不再是通过劳动来解释，而是改变或改造世界。作为人类最基本实践活动形式的劳动，也不再只是单纯地依靠人的感性活动，而是将感性活动转变为人的现实社会活动。由此，马克思正式揭示了劳动的社会规定性，并从人与人的社会关系层面来理解和把握劳动，从而实现了历史唯物主义对之前一切旧唯物主义的根本性超越。

(二) 劳动创造历史

在马克思看来，只有人类的生产劳动才真正构成人类历史的基础，才是解开人类历史发展秘密的钥匙。他说："人们为了能够'创造历史'，必须能够生活。但是为了生活，首先就需要吃喝住穿及其他一些东西。因此，第一个历史活动就是生产满足这些需要的资料，即生产物质生活本身，而且，这是人们从几千年前直到今天单是为了维持生活就必须每日每

---

① 梁爽．"人的本质"的自我生成何以可能：《德意志意识形态》对黑格尔辩证法的继承与重构［J］．哲学研究，2022（10）：31-42.

时从事的历史活动,是一切历史的基本条件。"① 因此,只有立足于生产劳动才能真正理解人类历史的发展,只有劳动人民才是历史的创造者,而人类创造历史的行动蕴含在日常生产劳动之中。马克思由此批判了各种独立于人的生产劳动之外的唯心主义历史观,并将劳动看作建立历史唯物主义的基石,人类历史发展的一切现实性都离不开人的劳动过程。对于马克思的这一伟大发现,恩格斯曾经鲜明地指出,"历史破天荒第一次被置于它的真正基础上;一个很明显的而以前完全被人忽略的事实,即人们首先必须吃、喝、住、穿,就是说首先必须劳动,然后才能争取统治,从事政治、宗教和哲学等,这一很明显的事实在历史上的应有之义此时终于获得了承认"②。总的来看,在马克思的历史唯物主义中,劳动被看作"一切历史的基本条件"和"人类的第一个历史性活动"③。它既是人类历史发展的事实起点,也是整个历史唯物主义架构的逻辑起点。马克思正是通过劳动来揭示物质资料生产的作用,发现了人类社会关系发展的客观规律性,并由此肯定了人的主体地位,继而发现劳动人民在历史发展中的伟大作用;而这正是马克思全面建立历史唯物主义的两个理论准备。

(三) 劳动创造人本身

马克思深刻指出,劳动不仅创造出人类的物质世界和社会历史,同时,也创造了人类自己。"劳动首先是人与自然之间的过程,是人以自身的活动来引起、调整和控制人和自然之间物质交换的过程。"④ 这是由于为了能够在对自身生活有用的形式上占有自然物质,人类必须使身上的自然力——臂和腿、头和手运动起来,而当人类通过这种运动作用于自身外的

---

① 余根雄. 马克思政治哲学视域下的生命权利与健康正义 [J]. 南通大学学报(社会科学版),2023,39 (1):36-44.
② 仰海峰. 马克思《哲学的贫困》中的历史性思想 [J]. 哲学研究,2020 (5):3-11,128.
③ 毛勒堂. 劳动正义:劳动幸福不可或缺的价值支撑 [J]. 江汉论坛,2021 (8):73-79.
④ 曾孟,于春玲. 恩格斯《自然辩证法》中的思想政治教育论断及启示 [J]. 大连干部学刊,2023,39 (1):19-24.

自然并改变自然时，也就同时改变自身所处的社会生活及人类本身。因此，"劳动是整个人类生活的第一个基本条件，而且达到这样的程度，以致在某种意义上不得不说：劳动创造了人本身"①。对此，恩格斯在《自然辩证法》一书中依据当时的科学研究成果，从人类起源的意义上论证了劳动在从猿到人的转变过程中具有决定性作用。这种决定性作用主要体现为：不仅在人类的起源意义上，是劳动创造了人本身，而且在人类的进化意义上，也是劳动创造了人本身。正是在改造世界的劳动过程中，人类才真正地证明自己是类存在物，而劳动就是人类能动的类生活。"自然界才表现为他的作品和他的现实。因此，劳动的对象是人类生活的对象化：人不仅像在意识中那样在精神上使自己二重化，而且能动地、现实地使自己二重化，从而在他所创造的世界中直观自身。"② 总之，劳动不仅是人的本质规定，更是人类自身生产和再生产的创造过程。

二、苏霍姆林斯基劳动实践论

苏联杰出的教育实践家和改革家苏霍姆林斯基的劳动教育思想至今备受瞩目，而且对我国劳动教育的发展起着不可替代的作用。他明确指出，"没有劳动的教育是片面的教育"，劳动教育是"对年轻一代参加社会生产的实际训练"③，是促进人的全面发展的核心要素。在《帕夫雷什中学》《给教师的建议》《关于全面发展教育的问题》等著作中，苏霍姆林斯基全面论述了他的劳动教育思想。其一，劳动教育的目的是培养社会主义劳动者。苏霍姆林斯基认为学校劳动教育不仅要好好培养中小学生的劳动知识和技能，还要培养中小学生为社会谋福利的道德意识，使其成为合格的

---

① 王南湜. 恩格斯"劳动创造了人本身"新解：一个基于马克思主义哲学人类学的阐释[J]. 马克思主义与现实，2020（5）：41-52.
② 舒远招，耿凡. "高级的哲学直观"是马克思恩格斯的哲学方法吗？：对《德意志意识形态》中一个重要术语的文本考察[J]. 马克思主义与现实，2018（6）：36-43.
③ 苏霍姆林斯基. 帕夫雷什中学[M]. 赵玮，王义高，蔡兴文，等译. 北京：教育科学出版社，1983：361.

社会主义劳动者。因为中小学生只有在劳动中付出才能感悟劳动成果的来之不易，才会更加尊重劳动者和珍惜所有劳动成果。而且，中小学生通过劳动才能体会劳动的高度的道德实质，即"一个人把自己的智慧、技艺和对事业的无私的热爱变成劳动的物质成果，他会享受到光荣感、自豪感，为自己的成就而自豪"①。其二，劳动教育要实现体力劳动和脑力劳动的有机结合。体力劳动和脑力劳动是两种劳动形式，苏霍姆林斯基认为体力劳动和脑力劳动的结合是劳动教育的基本准则。其中，中小学生进行体力劳动有利于"探索大自然的规律性，认识劳动的创造性，学习各种技巧技能"②。因此，学校劳动教育应将体力劳动与脑力劳动有机结合起来，引导中小学生手脑并用，不能让一部分学生从事简单的体力劳动，而让另一部分学生实践创造性计划。其三，要创新劳动教育方法。苏霍姆林斯基强调劳动教育的实施必须结合德育、智育、美育、体育。因为个体的劳动素养是全面的，个体不仅要掌握劳动知识和技能，更要具备丰富的劳动精神。苏霍姆林斯基认为"建立物质基础以保证孩子们早日投入劳动……是一个非常重要的教育学问题"③，学校要丰富劳动教育的物质基础，如工作间、车间、实验室、模拟工厂等等。苏霍姆林斯基提出"树立榜样是劳动教育的一种方法"，因为对学生而言，"老师在多大程度上是个能为自己的劳动而振奋精神，并且热爱自己劳动的那种人"④直接影响其劳动认知和行为，而且"那种充满崇高的劳动精神、着迷于创造计划的学生，就是学生集体中生机勃勃的自我教育源泉"⑤。苏霍姆林斯基强调集体劳动是劳动教育的

---

① 苏霍姆林斯基.给教师的建议：上册[M].杜殿坤，编译.北京：教育科学出版社，1981：206.
② 苏霍姆林斯基.论劳动教育[M].萧勇，杜殿坤，译.长沙：湖南教育出版社，1987：104.
③ 苏霍姆林斯基.帕夫雷什中学[M].赵玮，王义高，蔡兴文，等译.北京：教育科学出版社，1983：370.
④ 苏霍姆林斯基.帕夫雷什中学[M].赵玮，王义高，蔡兴文，等译.北京：教育科学出版社，1983：427.
⑤ 苏霍姆林斯基.帕夫雷什中学[M].赵玮，王义高，蔡兴文，等译.北京：教育科学出版社，1983：429.

基本手段,因为开展集体劳动有利于激发学生的集体归属感,"使学生认识到,为全区的集体农庄培育麦种和每天在教室里、在家里擦洗地板是同样重要的"①。

三、毛泽东劳动理论

毛泽东的劳动教育思想突出地体现在他的关于教育与生产劳动相结合的思想中。② 在中国革命和建设的过程中,毛泽东同志继承和创新了马克思主义教育与生产劳动相结合思想,逐渐形成和发展了本土化的教育与生产劳动相结合的劳动理论。其主要强调教育与体力劳动相结合,提出"两条腿走路"的办学机制,实行"校企结合""工学结合""农学结合"等办学模式,这在我国教育发展史上具有重要意义。随着马克思主义在中国的传播,毛泽东吸收了马克思主义教育与生产劳动相结合的思想,并根据革命和建设的需要,提出"教育必须为无产阶级政治服务,必须与生产劳动相结合"的教育方针。③ 其一,教育与生产劳动相结合的重点是引导学生理论联系实际。毛泽东认为,一个人尤其是知识分子应该具备合理的知识结构,即理论知识与实践知识相统一。为了革命和建设的需要,毛泽东提出"学生要学会打算盘,学会写信,学会记账,学会写路条……懂得……如何做工作,如何当乡长,如何当支部书记……都在这个大学校里学习生产,学习文化"④。其二,教育与生产劳动相结合应实现"两条腿走路"。国家办学一条"腿",加上群众办学一条"腿",实现"两条腿走路",形象地概括了毛泽东从当时教育制度极其落后的中国实际出发得出的教育理论。在革命战争年代,他就批判为追求正规化而取消一批民办、村办学校的教条主义错误。新中国成立后,为了扩大基础教育覆盖面,我

---

① 苏霍姆林斯基. 关于全面发展教育的问题 [M]. 王家驹,张渭城,杜殿坤,等译. 长沙:湖南教育出版社,1984:126.
② 顾明远. 中外教育思想概览 [M]. 广州:广东教育出版社,2009:1204.
③ 何东昌. 中华人民共和国重要教育文献 [M]. 北京:新世界出版社,1998:859.
④ 毛泽东选集:第三卷 [M]. 北京:人民出版社,1991:115.

国也明确主张"除了国家办学以外,必须提倡集体办学,允许私人办学"①。其三,教育与生产劳动相结合的方式主要有"校企结合""工(农)学结合""半工半读"等。新中国成立后,毛泽东主张农村中小学"课余时间回本村生产",郊区学校去"农村合作社参加生产劳动",中等学校和技工学校"试办工厂或者农场",高等工业学校在教学和科研外"尽可能地进行生产"②。他坚信,"如果学校办工厂,工厂办学校,学校有农场,人民公社办学校,勤工俭学,或者半工半读,学习和劳动就结合起来了"。

新中国成立后,毛泽东第一次把教育与生产劳动相结合提高到教育工作指导方针的高度来认识,亲手制定了教育方针,把教劳结合放在教育同经济有着密切联系的宏观大背景下审视。为了消除体力劳动和脑力劳动的对立,毛泽东倡导"知识分子劳动化,劳动人民知识化"③。毛泽东的教育与生产劳动相结合思想是特殊历史条件下的产物,对新中国教育发展,乃至社会主义革命和建设,都产生了深远影响。作为劳动大众的代言人,对于劳动、劳动人民有着深厚的情感,可以说,劳动是贯穿毛泽东思想发展和实现路向始终如一的重要内容。在政治上,毛泽东强调党和国家的干部是普通劳动者,不是骑在人民头上的老爷,一生对于官僚主义深恶痛绝,主张领导干部要参加集体生产劳动,身体力行地倡导党政干部参加生产劳动,特别是体力劳动,下田、下车间、下厂矿、修水库等,同劳动人民保持最广泛的、经常的、密切的联系。时刻关心群众疾苦,与劳动人民打成一片,减少官僚作风。在经济上,毛泽东认为社会主义的经济建设必须尽可能地提高劳动生产率,一要靠技术,二要靠文化教育,三要靠政治

---

① 中共中央文献研究室. 建国以来重要文献选编 [M]. 北京:中央文献出版社,2011:65.
② 中共中央文献研究室. 建国以来重要文献选编 [M]. 北京:中央文献出版社,2011:56.
③ 毛泽东选集:第三卷 [M]. 北京:人民出版社,1991:818.

思想工作。① 在提高劳动生产率的基础上，改善劳动者的劳动条件和生活条件。在教育上，毛泽东十分重视教育过程中的"脑体结合"问题，他深刻地意识到封建式知识权力架构下对于生活实际和生产劳动的脱离。在青年时期创建湖南自修大学时，就曾在湖南自修大学组织纲领《创立宣言》中提纲挈领地阐明："本大学学友为破除文弱之习惯，图脑力与体力平均发展，并求知识与劳力两阶段之相似，应注意劳动。"② 毛泽东认为，在社会主义社会里，教育必须为无产阶级政治服务，必须同生产劳动相结合，劳动人民要知识化，知识分子要劳动化。③ 毛泽东高度重视教劳结合的育人功能、改造社会生产关系的政治功能和经济功能。他的教劳结合思想指导了革命和建设的伟大实践。

四、习近平创新发展劳动教育

青年兴则国兴，青年强则国强。当前建设中国特色社会主义现代化强国亟须一批既有专业知识又具备实践能力的高素质劳动人才，中小学校教育出现劳动教育缺位的情况。基于时代发展的现实需求和我国当前学校教育的突出问题，围绕"培养高素质劳动人才"的根本目的，习近平同志创造性地丰富和发展了马克思的劳动教育观。他深刻指出，"要通过各种措施和方式，教育引导广大中小学生牢固树立热爱劳动的思想、牢固养成热爱劳动的习惯，为祖国培养一代又一代勤于劳动、善于劳动的高素质劳动者"④。"要教育孩子们从小热爱劳动、热爱创造，通过劳动和创造播种希望、收获果实，也通过劳动和创造磨炼意志、提高自己。"⑤ 这些重要论述

---

① 毛泽东. 毛泽东文集：第八卷［M］. 北京：人民出版社，1999：124.
② 李锐. 三十岁以前的毛泽东［M］. 广州：广东人民出版社，2009：493.
③ 杨兰英. 论毛泽东的劳动观［J］. 湖南师范大学社会科学学报，2009，38（3）：87-89.
④ 在乌鲁木齐接见劳动模范和先进工作者、先进人物代表向全国广大劳动者致以"五一"节问候［N］. 人民日报，2014-05-01（4）.
⑤ 庆祝"五一"国际劳动节暨表彰全国劳动模范和先进工作者大会隆重举行［N］. 人民日报，2015-04-29（1）.

从劳动创造的功能角度强调了对中小学生自小开始进行劳动教育的必要性。

2015年8月,教育部联合共青团中央、全国少工委印发了《关于加强中小学劳动教育的意见》。意见旨在通过劳动教育提高广大中小学生的劳动素养,促进他们形成良好的劳动习惯和积极的劳动态度,克服不良的劳动价值观,培养他们勤奋学习、自觉劳动、勇于创造的精神,为他们的终身发展和人生幸福奠定基础。2018年4月30日,在"五一"国际劳动节来临之际,习近平总书记给中国劳动关系学院劳模本科班学员回信,向他们和全国所有劳动模范及全国广大劳动者致以节日的问候。总书记的回信让参与写信的38名劳模本科班学员群体热血沸腾,更让广大劳动者深感振奋、备受鼓舞。中国特色社会主义伟大事业需要依靠一代又一代中国人的辛勤劳动、接续奋斗来实现。青年一代有理想、有本领、有担当,国家就有前途,民族就有希望。习近平总书记的回信精神感召青年大学生勤奋做事、勤勉为人,激励青年大学生以敢闯敢试的勇气、激荡自我的智慧、舍我其谁的担当,勇做新时代的见证者、开创者、建设者,以饱满的奋斗热情、昂扬的拼搏斗志,争先做新时代的奋斗者。2018年9月,习近平总书记在全国教育大会上强调,"培养德智体美劳全面发展的社会主义建设者和接班人","要在学生中弘扬劳动精神,教育引导学生崇尚劳动、尊重劳动,懂得劳动最光荣、劳动最崇高、劳动最伟大、劳动最美丽的道理,长大后能够辛勤劳动、诚实劳动、创造性劳动"。[①] 这些重要论述,高扬劳动教育的旗帜,丰富和发展了党的教育方针,具有重大的时代价值和鲜明的现实针对性,也对中小学校提出了加强劳动教育的新任务、新课题。

系统梳理习近平总书记关于劳动的重要论述,我们可以发现,崇尚劳动是党的十八大以来以习近平同志为核心的党中央一以贯之的思想引领和价值导向,这既是对马克思列宁主义、毛泽东思想、邓小平理论的历史传

---

① 习近平出席全国教育大会并发表重要讲话[EB/OL]. 中国政府网,2018-09-10.

承，也是在新时代对中国特色社会主义事业的创新发展。正因如此，在2015年劳动模范和先进工作者表彰大会讲话中，习近平总书记最后用"以劳动托起中国梦"①。向全党全军全国各族人民发出了号召与动员。劳动不仅创造了人类，也是人类的本质特征和存在方式，并推动着社会历史滚滚向前发展。在完成"两个一百年"奋斗目标和实现中华民族伟大复兴的中国梦的征程中，推崇劳动、加强劳动教育就成为新时代的必然要求，具有重大的现实意义。由此可见，习近平总书记立足时代发展的高度，统筹全局、突出重点、注重衔接，对我国劳动教育体系进行了顶层设计和科学规划，顺应了时代发展要求和教育发展规律。

第三节　家校协同的理论基础

国内外学者们从不同的角度对家校协同的理论基础进行了研究。根据本书的需要，重点阐述了交叠影响域理论、协同教育理论和人的全面发展理论，这三种理论从不同的角度构成了家校协同的理论基础。

一、交叠影响域理论

通常情况下，"家校合作"在国外对应的概念是"学校、家庭和社区合作伙伴关系"（School, Family, and Community Partnerships）②。美国理查德·A.爱泼斯坦（Richard A.Epstein）教授把家校合作的范围扩展到社区，创建了"交叠影响域理论"（Overlapping Spheres of Influence），他指出家校合作是学校、家庭、社区合作，三者对中小学生的教育和发展产生

---

① 庆祝"五一"国际劳动节暨表彰全国劳动模范和先进工作者大会隆重举行［N］. 人民日报, 2015-04-29（1）.
② 吴重涵. 从国际视野重新审视家校合作：《学校、家庭和社区合作伙伴：行动手册》中文版序［J］. 教育学术月刊, 2013（1）：108-111.

叠加影响的过程。合作伙伴关系不仅将学校和家庭看作家校关系中的平等成员，而且还强调了社区对中小学生发展和成长的影响和作用；不仅将学校和家庭看作是家校关系中的成员，而且还将中小学生自身也看作是家校关系中的重要一员，并强调了中小学生在家校关系中的主体地位和作用。①

该理论的核心原则在于使中小学生社会化并获得教育的主要机构之间存在环环相扣的联系，不论是家庭、学校还是社区，实现中小学生发展的目标，比如取得学业成就，是三者共同之诉求，而实现目标的最佳方法正是三者的协同合作与互相支持。它表明中小学生学习和成长的三个主要环境——家庭、学校和社区可以相互结合也可互相分离，要重视家庭、学校等个别机构对于中小学生的独特影响力，同时也要注意三者交叠互相作用后的影响力。② 如果用图来描述三者的交互影响，可以用三个圆形分别代表学校、家庭和社区，具体如图2-1所示。重叠影响包括内部与外部两种结构。对于外部结构而言，受到家庭、学校和社区的观念、经历与实践、中小学生年龄与年级等多种因素的影响，中小学生学习和成长的三个主要环境可以互相靠拢，构成一体，也可能相互分离而独立。这意味着有些活动应该是学校、家庭和社区各自独立开展，有些活动则需要三者合力完成。内部结构则揭示了学校、家庭和社区环境内部在跨环境下的互动情况。在内部结构中，三者的互动结果被视为一种社会资本。

交叠影响域理论明确了家校双方在家校合作中的关系和地位，强调了每一个参与家校合作个体应尽的责任和义务，为本书分析中小学校劳动育人家校协同教育存在问题的原因提供了依据，引导本书从中小学教师、家长、学校领导、社会和制度资金等各个层面，细化到每个个体来分析问题出现的原因。同时也为本书调查中小学校劳动育人家校协同教育现状，如

---

① EPSTEIN J L, SANDERS M G, SHELD S B. 学校、家庭和社区合作伙伴：行动手册[M]. 吴重涵，等译. 南昌：江西教育出版社，2012：45.
② 吴重涵，王梅雾，张俊. 家校合作：理论、经验与行动[M]. 南昌：江西教育出版社，2013：567.

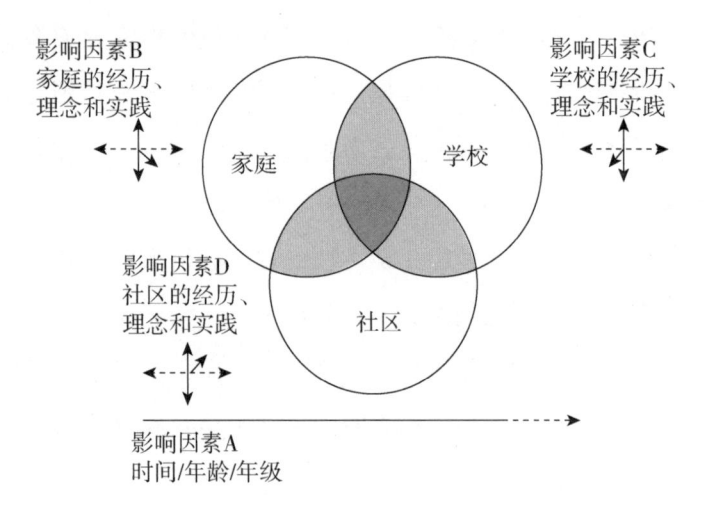

图2-1 爱泼斯坦的重叠影响理论模型图（外部结构）

家校双方家校合作的认知，家校合作的形式内容、沟通途径、成效等方面提供了理论基础。

二、协同教育理论

协同教育是协同学理论在教育领域应用而形成的新的教育理论，旨在通过多元化、多层次和多领域的教育力量，形成协力同心、协调同步与和谐合作的合力，最大化地实现教育效益和价值。为此，它特别强调中小学校、家庭、社会各系统教育力量的互相结合，强调中小学校的组织和主导作用，强调三方面的协调同步，同时还强调哲学、科学、实践的结合、协调、同步。① 由于协同教育对教育内容的科学性、教育形式的可接受性以及不同教育资源的主动配合性有较高的要求。因此，可以说协同教育是对新形势下一种重要教育现象的更适当的概括，体现了时代精神。德国著名心理学家赫尔曼·哈肯（Trencherman）认为，根据协同教育理念，中小学校教育系统、家庭教育系统、社会教育系统所构成的三大教育系统中各系

---

① 韩光道. 思政课学生主体实践性教学研究 [M]. 武汉：华中科技大学出版社，2014：22.

统应发挥各自的组织能力，在一定条件下形成合作、互补的协同效应，从而使中小学生的整体教育达到最优化的教育效果。

协同教育有别于严重身份分割、单元分割的前现代教育和单体的重科学的现代教育，是家庭、中小学校、社会各系统和哲学、科学、实践相协同的"双'三位一体'"的教育。"双'三位一体'"教育，即用哲学把握教育方向，用科学优化教育过程，用实践实现教育目的，用家庭、中小学校、社会各子系统的全员参与来保证能起教育作用的各要素相互联系，促进某一系统那些独有的要素或信息进入另一系统与另一系统的要素相互联系与作用，产生的协同效应。纵向分析，重"家庭"的教育有狭隘、保守、自负等负功能，重"学校"的教育有滞后社会、抹杀个性、实践性不强等负功能，重"社会"的教育有知识系统性缺乏、单体行为不稳等负功能，所以协同教育中的家庭、学校、社会不是孤立的而是开放的协同体——纵向"三位一体"。横向分析，重"哲学"的教育有"空谈"的负功能，重"科学"的教育有远离实际，失去人性等负功能，重"实践"的教育有过程烦琐，效率低下，扭曲人格等负功能，所以协同教育中的哲学、科学、实践也不是孤立的，同样是开放的协同体——横向"三位一体"。由此可以得到启示：中小学生发展的生态环境由若干相互嵌套在一起的系统组成，这些系统从微观到中观再到宏观，与中小学生发生直接或间接的联系。家庭、学校是与中小学生关系最密切的微观系统，而家庭是中小学生生活的第一个社会环境，是中小学生成长过程中重要的教育环境。在中小学生良好行为习惯培养方面，只单方面依靠家长或学校是不可能实现的，需要学校、家庭、社会（社区）建立统一立场，紧密合作，共同携手，促进中小学生良好行为习惯的培养。

三、人的全面发展理论

人的全面发展是马克思主义的基本原理，也是我国教育实践领域正在全面实施"素质教育"的理论基础。根据马克思关于人的全面发展的论述，人的全面发展是人在具备一定的社会政治、经济、文化的条件下，通过实践认识到自我本质和发展规律的基础，自觉地平等、完整、和谐、自由地发展。其核心是人的"全面性"发展，即充分发掘人的各种潜能，使之获得最充分的发展，人的对象性关系的全面生成和个人社会关系的高度丰富。人的全面发展是"人"的全面发展的现实关系和社会关系的发展。① 劳动是人类最长久、最普遍、最基本的实践。一个有进取心的民族，必然是崇尚劳动的民族；一个崇尚劳动的民族，才是有希望的民族。在优秀人才的品德和能力谱系里，必然包含劳动素养这个重要指标。马克思指出，"生产劳动同智育和体育相结合，它不仅是提高社会生产的一种方法，而且是造就全面发展的人的唯一方法"②。苏霍姆林斯基指出，"儿童的智慧出在他的手指头上"③。中小学生在实践中学得越多，感悟得越深刻，就越能做到知行合一。劳动教育必须成为中小学生的必修课，中小学生应成为劳动精神的弘扬者、引领者。

　　马克思关于人的全面发展学说为中小学校社会实践提供了理论基础。其含义包括以下方面：人的全面发展是指人的劳动能力的全面发展，也是指人的精神方面和道德方面的全面发展。前者要求教育与生产劳动相结合，中小学校开展社会实践，正是促进中小学生智力与体力和谐发展的体现。人在精神方面、道德方面发展的要求，仅靠课堂教学是无法满足的，必须深入生活、开展实践来获得知识感悟和价值观体验，这为中小学校开展社会实践提供了依据。中小学生劳动教育的发展不仅需要发挥学校教育的作用，还要利用好家庭教育的作用，学校和家庭应形成教育合力，共同促进中小学生劳动教育发展，从而实现中小学生的全面发展。自马克思创造性地提出通过教劳结合克服体脑分离的思想以来，社会主义国家普遍重

---

① 徐蓓娜. 少先队活动课区域化实施与管理研究：以上海市普陀区为例 [M]. 上海：上海教育出版社，2019：22.
② 中共中央马克思恩格斯列宁斯大林著作编译局. 马克思恩格斯全集：第23卷 [M]. 北京：人民出版社，1974：530.
③ 苏霍姆林斯基. 苏霍姆林斯基选集：第2卷 [M]. 北京：教育科学出版社，2001：633.

视劳动教育的价值，强调开展体脑结合的劳动教育，培养社会主义的合格建设者和可靠接班人。新中国成立以来，我国开展了具有中国特色的劳动教育实践。2018年全国教育大会更是明确了新时代中国的教育方针，要努力构建德智体美劳全面培养的现代化教育体系，形成更高水平的人才培养体系，要在中小学生中弘扬劳动精神，教育引导中小学生崇尚劳动、尊重劳动，懂得劳动最光荣、劳动最崇高、劳动最伟大、劳动最美丽的道理，长大后能够辛勤劳动、诚实劳动、创造性劳动。这意味着习近平新时代中国特色社会主义教育发展道路，在教育方针的高度突出强调劳动教育的重要地位，也正式确立了"五育并举"的教育方针。"以劳树德、以劳增智、以劳健体、以劳育美、以劳创新"成为中国特色社会主义劳动教育的重要特征。加强劳动教育是新时代中国对马克思主义"人的全面发展"理论的坚守与继承，更是贯彻落实立德树人根本任务、提升中小学生实践创新能力、培养新时代合格社会主义建设者和接班人的必然要求。因此，为全面落实党的教育方针和总体要求，在大中小学各教育阶段培养符合中国特色社会主义制度发展的新时代劳动观，探讨如何通过劳动教育课程设置及教材建设强化劳动育人功能的实践效果，对教育政策和教育发展创新有重要的研究价值，对引导中小学生形成正确的世界观、人生观、价值观有重要的研究意义。

第三章

新时代劳动教育融入中小学校育人体系

联合国教科文组织强调,要把理论知识应用于教学实践,以及中小学生参加生产劳动,是现代教育的重要组成部分。其关键就在于劳动教育之于人的身、心,进一步地说是人的体力、智力与心力的发展。这正如苏联著名教育家安东·马卡连柯(Makarios, Anton Semiotics)所指出的:"在任何情况下,劳动如果没有与其并行的知识教育——没有与其并行的政治的和社会的教育,就不会带来教育的好处,会成为不起作用的一种过程。只有把劳动作为总的教育体系的一部分时,劳动才可能成为教育的手段"[①]。因此,没有劳动教育就不可能有中小学生整体素质的全面提高,就不会有中小学生"身心全面和谐"的发展。新时代中小学校开展劳动育人实践要深入贯彻落实习近平总书记有关劳动的系列重要论述,准确把握新时代劳动育人的丰富内涵和重大意义,充分发挥劳动育人在立德树人教育体系和德智体美劳五育并举的人才培养体系中的重要作用,回答新时代中小学校开展劳动育人"培育什么人"和"怎么培育人"两个基本问题。

---

① 徐海娇,柳海民.遮蔽与祛蔽:劳动的教育意蕴——基于马克思劳动概念的价值澄明[J].湖北社会科学,2017(6):13-18.

第一节　新时代劳动教育的育人目标

劳动育人目标是指在一定时期内教育者有目的有计划地开展各种形式的劳动所要达到的预期效果，它规定着劳动育人的基本任务和具体要求，是衡量劳动育人效果的标准。确定劳动育人目标应该具体考量社会发展的实际状况以及中小学生的身心条件，在服务于党和国家的奋斗目标同时也要促进劳动者自身劳动素养的发展。就其二者关系而言，劳动育人的根本目标对具体目标起着指引作用，而具体目标是根本目标在不同层次的展开。

一、根本目标：培育能够担当民族复兴大任的时代新人

中国特色社会主义进入新时代，新形势下推进改革开放和社会主义现代化建设进程、促进人的全面发展和社会的全面进步，对回答"培养什么样的人、怎样培养人和为谁培养人"这一根本问题赋予了新的时代内涵和更高要求。[1] 劳动是培养马克思主义者和社会主义建设者的唯一方法，立德树人是中国特色社会主义教育事业的根本任务。因此，将劳动作为立德树人的根本途径，既发挥了劳动能够实现德智体美劳全面发展的价值功能，又为新时代教育事业的培养目标和培养体系提出了具体可行的改革路径，是新时代背景下马克思主义劳动育人观同我国教育实际相结合的最新理论成果。新时代劳动育人就是要落实教育立德树人的根本任务，培养德智体美劳全面发展的中国特色社会主义事业的合格建设者和可靠接班人，培养拥护中国共产党领导和我国社会主义制度、立志为中国特色社会主义事业奋斗终生的有用人才，培养社会发展、知识积累、文化传承、国家存

---

[1] 中共中央办公厅 国务院办公厅关于适应新形势进一步加强和改进中小学德育工作的意见［EB/OL］.中国政府网，2000-12-14.

续、制度运行所要求的人。

劳动育人的根本目标在于培育能够担当民族复兴大任的、有理想有本领有担当的新时代劳动者，使他们在发展习近平新时代中国特色社会主义的广阔天地间建功立业，追求人生理想、实现人生价值。培育有理想的时代新人。功崇惟志，业广惟勤。理想信念是安身立命的根本。新时代劳动者应当掌握马克思主义的科学真理，坚定理想信念，立足本职、胸怀全局，把个人梦与中国梦紧密联系起来，把实现党和国家确立的发展目标变成自己的自觉行动。培育有本领的时代新人。素质是立身之基，技能是立业之本。新时代劳动者要自觉加强学习，掌握各种专业知识和技能，不断提高综合素质和干事创业能力，练就过硬本领，积极发扬马克思主义理论联系实际的学风，坚持知行合一，注重在实践中发现、检验和发展真理，切实提高解决实际问题的能力，不断增强工作本领。培育有担当的时代新人。新时代劳动者要坚持国家至上、民族至上、人民至上，始终胸怀大局、心有大我，要勇于拼搏，勇于创新，勇于担当，紧跟时代、肩负使命、锐意进取，增强历史使命感和责任感，把自身的前途命运同国家和民族的前途命运联系起来，肩负起中华民族伟大复兴的光荣使命。

二、具体目标：培育具有正确劳动价值观的高素质人才

新时代劳动者身上所具备的劳动素质既反映了劳动者自身的发展状况，也反映了劳动者实现自我价值和服务社会的现实能力。要通过各种劳动形式，教育引导社会全体成员树立热爱劳动的思想、养成热爱劳动的习惯，为祖国发展培养一代又一代勤于劳动、善于劳动的高素质人才。新时代背景下，社会生产力的提高对当今的劳动者提出了更高的素质要求。

（一）树立正确的劳动价值观，弘扬新时代的劳动精神

劳动价值观是指在一定的历史条件下，人们对于劳动及其产生价值的总的观点和根本看法。劳动价值观决定了劳动者的价值判断和价值选择，制约和支配着人们的行为活动，是劳动者所拥有的劳动态度、劳动情感、

劳动品德等劳动观念中最重要和最核心的因素，对于劳动者思想行为的产生和发展具有决定意义。劳动价值观不仅是个体选择的结果还是社会历史的产物，一定社会历史条件下社会生产力发展水平决定劳动价值观的现实状况。① 劳动精神是指劳动者所承载的劳动价值观在人格特质上展现出来的精神状态、精神风貌和精神气质。2020 年 11 月，习近平总书记在全国劳动模范和先进工作者表彰大会上指出，在长期实践中，我们培育形成了"崇尚劳动、热爱劳动、辛勤劳动、诚实劳动的劳动精神"②。劳动精神是全体劳动者在习近平新时代中国特色社会主义的伟大实践中建功立业、追梦圆梦所展现出来的时代风采，而劳动价值观正是凝聚这股精神力量的价值内核。就个体而言，它能够鼓舞劳动者的斗志、塑造劳动者的品格、丰盈劳动者的灵魂；就社会而言，一旦劳动精神上升为全社会的普遍愿望和广泛追求时，就能激发出全体劳动者在追求共同目标时蕴藏的精神力量，成为联结劳动者的精神纽带和推进习近平新时代中国特色社会主义发展的磅礴力量。这对实现中华民族伟大复兴，全面建设社会主义现代化国家、培育担当民族复兴重任的时代新人，具有重大现实意义和深远历史意义。

（二）培育积极的劳动情感和态度

劳动态度是在一定劳动价值观的指导下，在长期劳动情感体验基础上形成的一种相对稳定地对待劳动的心理倾向。"爱劳动"是我国劳动教育特别重视的基本劳动态度。由此延伸出来的是热爱劳动和劳动人民以及珍惜劳动成果。热爱劳动就是关于"愿不愿意参与劳动"的情感表达，是投身辛勤劳动，以汗水和勤劳的双手去获得劳动成果的情感基石。新时代中小学校劳动情感态度教育既要强调热爱劳动、勤于劳动，又要强调热爱创造、善于劳动。因为热爱劳动、热爱创造是立业为人的根本，是实干兴邦的基石，更是富民强国的动力。习近平总书记更是多次强调"要通过各种

---

① 李磊.当代青少年劳动观的内容建构及引导策略［J］.青年学报，2022（3）：105-112.
② 习近平：在全国劳动模范和先进工作者表彰大会上的讲话［EB/OL］.中国政府网，2020-11-24.

措施和方式，教育引导广大青少年牢固树立热爱劳动的思想、牢固养成热爱劳动的习惯，为祖国发展培养一代又一代勤于劳动、善于劳动的高素质劳动者"，"要教育孩子们从小热爱劳动、热爱创造，通过劳动和创造播种希望、收获果实，也通过劳动和创造磨炼意志、提高自己"。① 培育中小学生热爱劳动、热爱创造的情感态度，要在培养热爱劳动者的真挚情感上下功夫，教育引导中小学生真正做到"任何时候、任何人都不能看不起普通劳动者，都不能贪图不劳而获的生活"，认识到尊重普通劳动者、珍惜他们的劳动成果是人的基本修养。热爱劳动人民是劳动成果由人民共享的态度，以及消除劳动歧视，正确认识新时代社会劳动领域和劳动群体发展的新势态。珍惜劳动成果，既是对人类劳动成果的赞美和劳动智慧的体现，又是对劳动成果的珍惜和节约。

（三）形成优良的劳动品德及现代品质

劳动品德是指人们在劳动过程中表现出来的对他人、对社会的稳定的心理特征或倾向，直接反映出劳动者的道德品质。劳动者的个体发展随着劳动实践而不断发展，劳动造就了劳动者新的交往方式并产生了新的需要，因此磨炼出了新的劳动品德以适应劳动实践的发展。一是培养诚实守信的劳动品质。在新时代，伴随着经济结构和社会结构的转型，诚实劳动占据了更为重要的地位。诚实劳动是优化生产资源配置的内在驱动力，要求每位劳动者认真履行道德规范，诚实地运用自己的全部体力和脑力，把社会的义务和责任无私地落实到劳动中去。二是培养坚强的意志品质。在物质生活日益富裕的今天，劳动对于意志的磨炼更加侧重于精神上的磨炼，惟其艰难更知勇毅，理论知识可以通过书本学习来获得，而精勤不倦、百折不挠、勇往直前等坚强的意志品质只有在艰苦的劳动过程中方能练就。三是培养团结协作的现代品质。团结协作是指个体与个体之间、个体与集体之间、集体与集体之间为了实现双方共同的利益而联合起来所采

---

① 习近平：劳动最光荣 奋斗最幸福［EB/OL］. 求是网，2021-04-29.

取共同的行动。团队成员们通过分工与协作实现了扬长避短、优势互补、互惠共赢,从而实现整体效益远大于部分效益的简单相加。随着社会分工的深入发展,整个经济社会的有效运行越来越依托于日益完善的社会分工与协作,具备团结协作的意识、能力和品行对于当今社会的劳动者而言越来越重要。

(四)提升劳动技能和创新能力

劳动知识和技能是指人们从事一定劳动所具备的知识、技术和技巧及综合运用这些知识、技术、技巧的能力。[①] 劳动知识源于劳动也作用于劳动,劳动知识的多少直接关系到人们认识客观事物并运用知识解决实际问题的能力,展现为人的生产经验、专业知识、文化素养等,丰富的劳动知识是每个劳动者致力于事业的思想武器,具备更多的劳动知识就意味着掌握更多的话语权和竞争力。劳动技能是运用劳动知识顺利完成某项劳动活动的能力,它是通过实际操作和练习获得的,掌握了劳动知识还必须将其转化为相应的技能才能在完成劳动任务中起到应有的作用。对劳动知识的理解、探究和反思有利于培养劳动者的创新思维,提升劳动者的创新能力。创新能力是指人们通过对已有的劳动知识和技能重新改造,创造出新的劳动知识与技能的能力与本领。[②] 随着新一轮科技革命和产业变革迅猛发展,以互联网、大数据、人工智能为代表的新一代信息技术加速应用,创新成为引领发展的第一动力。新时代劳动者不仅要爱劳动、会劳动,而且要会学习、能创新。提高中小学生创造性劳动能力,要扎实推进创新创业教育,鼓励中小学生开展创新创业训练,强化敢闯会创能力培养。注重新知识、新技术、新工艺、新方法在中小学校教育教学中的应用,鼓励中小学生创造性地解决实际问题,把汗水挥洒在全面建设社会主义现代化国

[①] 陆晓光.庖丁解牛与《资本论》美学:关于脑力工作的"艺术性质"[J].社会科学,2013(4):161-177.

[②] 李政林.成事与成人:信息时代劳动教育的突破与创新[J].中国教育学刊,2020(8):18-23.

家的伟大事业中。

（五）形成良好的劳动习惯

劳动习惯是指劳动行为经过多次实践后形成固定化、自动化的行为体系，它是在简单反复多次的劳动实践活动训练而成的。劳动习惯是劳动观念的具体表现和外部标志，一旦劳动习惯养成就难以改变，在特定的条件下会自然而然地表现出来，不需要人的意志努力就能成为人们自觉自发的劳动活动，对劳动实践具有积极的影响。[1] 新时代，中小学校劳动育人家校协同教育面临的环境发生巨大变化，其中既有物质生活水平的全面提升，也有智能化时代对劳动形态的新挑战。越是如此，越要把劳动教育落到实处，遵循劳动教育规律，引导中小学生养成良好劳动习惯。[2] 中小学校要组织和开展形式多样的劳动实践，让中小学生动手实践、出力流汗，接受锻炼、磨炼意志，通过内容丰富的活动助力劳动习惯养成和品质培养；教育中小学生用勤劳双手和诚实劳动创造自己的美好生活，鼓励中小学生在劳动中锤炼品格；注重结合中小学生学科专业开展生产劳动和服务性劳动，积累职业经验，培育创造性劳动能力和诚实守信的合法劳动意识，把良好劳动习惯和品质养成与中小学生专业学习、职业规划等紧密结合起来。通过劳动教育，提高中小学生的劳动素养，促进他们形成良好的劳动习惯和积极的劳动态度，使他们明白"生活靠劳动创造，人生也靠劳动创造"的道理，培养他们勤奋学习、自觉劳动、勇于创造的精神，为他们终身发展和人生幸福奠定基础。

第二节　新时代劳动教育的育人内容

新时代中小学校劳动育人的内容是教育者和受教育者互动的信息中

---

[1] 钱津．论唯物主义历史观在当代的发展［J］．社会科学动态，2022（1）：5-18．
[2] 培养一代又一代高素质劳动者［EB/OL］．人民网，2020-12-11．

介，它是育人目标的具体体现和育人实践的重要组成部分。面对劳动育人实践过程中不断出现的新问题、新情况，增强劳动育人内容的针对性、时代性和吸引力、影响力，满足中小学生的精神需求，增强他们干事创业的本领，具有重要的理论价值和现实意义。

一、培育科学的劳动价值观

价值观是人们关于什么是价值、怎样评判价值、如何创造价值等问题的根本观点，是基于人的一定的思维感官所做出的认知、理解、判断或抉择，也就是人认识事物、辨别是非的一种思维或价值取向。[①] 为此，劳动价值观是人们对劳动的根本看法和态度，是世界观、人生观、价值观的重要组成部分。让中小学生形成正确的劳动价值观是劳动教育的核心目标。恩格斯明确提出并全面论证了劳动创造人的原理，他指出："政治经济学家说：劳动是一切财富的源泉。其实，劳动和自然界在一起才是一切财富的源泉，自然界为劳动提供材料，劳动把材料转变为财富。但是劳动的作用还远不止于此。"[②] 劳动是整个人类生活的第一个基本条件，以至我们在某种意义上不得不说劳动创造了人本身。2020 年 3 月，中共中央、国务院印发的《关于全面加强新时代大中小学劳动教育的意见》中指出："通过劳动教育，使学生能够理解和形成马克思主义劳动观，牢固树立劳动最光荣、劳动最崇高、劳动最伟大、劳动最美丽的观念。"[③] 这句话阐释了劳动育人在价值观培育层面的具体内涵。

劳动教育有助于中小学生形成正确的劳动价值取向，明白劳动不仅创造了世界，而且"劳动创造了人本身"，劳动培养造就人才。劳动教育的

[①] 张涛. 以社会主义核心价值观引领美好生活的实现 [J]. 中共云南省委党校学报，2020, 21 (5)：135-139.
[②] 中共中央马克思恩格斯列宁斯大林著作编译局. 马克思恩格斯选集：第 3 卷 [M]. 北京：人民出版社，2012：988.
[③] 中共中央国务院关于全面加强新时代大中小学劳动教育的意见 [N]. 人民日报，2020-03-27 (1).

核心是有效实施中国特色社会主义劳动价值观教育。习近平总书记指出"劳动是人类的本质活动，劳动光荣、创造伟大是对人类文明进步规律的重要诠释"，他把劳动与开创中国特色社会主义新时代联系起来，他明确提出"社会主义是干出来的，新时代也是干出来的"，实现了劳动"事实"与劳动"价值"的高度统一，形成了"实干兴邦"的劳动实践观、"民族复兴"的劳动发展观、"崇尚劳动"的劳动价值观、"热爱劳动"的劳动教育观，构筑起以劳动支撑中国特色社会主义伟大事业的实践路径。[①]这给中小学校提出了加强劳动教育的重要任务和课题。

（一）懂得劳动最光荣

劳动最光荣体现了深刻的哲学思想，渗透着"不劳动者不得食"的理念。西汉桓宽在《盐铁论·散不足篇》中说："虽无哀戚之心，而厚葬重币者则称以为孝。显名立于世，光荣著于俗。"[②] 亚当·斯密也在《国民财富的性质和原因的研究》的开篇指出"劳动是国民财富的源泉"[③]。劳动光荣，不劳而获、坐享其成可耻，当寄生虫、"啃老族"可鄙，这在古今中外都是人们认可的道理。劳动作为社会实践的重要形式，是创造物质财富的根本途径，社会发展需要劳动实践。劳动创造了社会财富，劳动创造了幸福，劳动创造了社会的和谐美，劳动创造了人类，劳动实现了人的价值特别是人的社会价值。劳动使人民群众成为历史的主体，人民群众通过劳动创造了巨大的物质财富、精神财富，他们是社会变革的决定力量。"职业无贵贱，工作有分工，劳动最光荣"也反映了多劳多得、少劳少得的公平分配的社会体制特点。按劳分配是由社会主义的客观经济条件所决定的，是社会主义特有的经济规律，是社会主义社会分配个人消费品的一

---

① 刘向兵.针对网络原住民的劳育新在哪？[N].中国教育报，2018-12-20（7）.
② 吴天宇.论先秦儒家沟通君父思想的展开及其学理依据［J］.中国史研究，2021（3）：25-42.
③ 斯密.国民财富的性质和原因的研究［M］.郭大力，王亚南，译.北京：商务印书馆，1972：73.

项原则。我国社会主义初级阶段坚持按劳分配为主体、多种分配方式并存的分配制度。在社会主义制度下，一切有劳动能力的社会成员都必须参加劳动，凭劳动获得个人消费资料，这充分体现了"劳动光荣，懒惰可耻"的思想。人类的天性是崇尚劳动的，劳动是保证自己和他人生存的基本条件。劳动教育要从小抓起，让工作无贵贱、行业无尊卑、劳动最光荣的观念深入每个中小学生的心灵。

(二) 懂得劳动最崇高

劳动不仅生产人们社会生活所必需的产品，而且使人与人之间建立起社会关系。[1] 劳动不仅创造了人本身，而且创造了幸福生活。真正的幸福是实现自我价值，"燃烧自己，照亮他人"，为人所需，为民服务。中国社会现代"劳动"观念的觉醒，大致以曾留学欧洲的蔡元培所提出的"劳工神圣"的口号为标志，[2] "劳动"第一次真正进入了中国人的社会公共生活视野，不少知识分子和底层劳动群众开始用"劳动"的眼光重新审视自己的社会作用，并以"劳动"建立起身份认同。陈独秀、李大钊等围绕"劳动"展开深入研究，马克思主义劳动观逐渐成为阐释"劳工神圣"口号的核心理论资源，对劳工、劳动地位的推崇更是具有实际意义的民主启蒙。正是"劳工神圣"理念的广泛传播，为民主思想的发展提供了现实的有效途径，也正是基于劳动的意义，人与人之间才真正具有了现实的平等基础。习近平总书记特别强调，"劳动是推动人类社会进步的根本力量"，"劳动是财富的源泉，也是幸福的源泉"。[3] 人世间的美好梦想，只有通过诚实劳动才能实现；发展中的各种难题，只有通过诚实劳动才能破解；生命里的一切辉煌，只有通过诚实劳动才能铸就。劳动最崇高，是劳动使人类得以生存和繁衍。劳动使人神圣，劳动是我们生存于世界的最为神圣的

---

[1] 张涛. 论共产主义的生态向度：马克思恩格斯"两个和解"思想的再解读 [J]. 社会主义研究，2022 (1): 47-53.
[2] 刘向兵. 劳动的名义 [M]. 北京：中国工人出版社，2018: 87.
[3] 习近平：劳动最光荣 奋斗最幸福 [EB/OL]. 求是网，2021-04-29.

活动。因此，高尔基指出"只有人的劳动才是神圣的"。要通过劳动教育，使中华民族勤劳节俭、自强不息的优良美德世代相传，使劳动从谋生手段上升为生活的第一需要；要通过创造性劳动，激发中小学生的崇高精神。

（三）懂得劳动最伟大

劳动最平凡，平凡孕育着伟大。劳动使人类得以繁衍生息，编织了五彩斑斓的世界，创造了人类社会的灿烂文化。从这个意义上看，劳动是个人全面发展的基础，劳动造福人类。中国特色社会主义事业大厦是靠一砖一瓦砌成的，人民的幸福是靠一点一滴创造得来的。国家要调整收入分配机制，提高各个层次劳动者的收入，落实先进模范人物的相关待遇和礼遇，为中小学生树立正确的人生导向。各行各业为国出力、为民发声的人都应该成为"明星"，都应该成为年轻人的"偶像"。要引导中小学生形成正确的"梦想"，形成尊重劳动、崇尚科学的社会氛围。要通过生动的劳动教育使广大中小学生崇尚劳动模范，学习劳模精神，以辛勤劳动为荣，以好逸恶劳为耻，弘扬劳动精神，树立辛勤劳动、诚实劳动、创造性劳动的理念，体验劳动的力量，感受劳动的快乐，成为国家的建设者和创造者，让劳动光荣、创造伟大成为铿锵有力的时代强音。

（四）懂得劳动最美丽

世界上最美好的东西都是由劳动创造的，劳动是幸福的源泉。马克思深刻阐释了劳动美的基本原理。他从人的劳动实践活动这一视角做出如下判断："动物只是按照它所属的那个种的尺度和需要来建造，而人却懂得按照任何一个种的尺度来进行生产，并且懂得怎样处处都把内在的尺度运用到对象上去。因此，人也按照美的规律来生产。"[1] 这就从本质层面深刻揭示了人的劳动实践活动不仅创造了人民需要的产品，而且能够按照美的规律创造美的产品。马克思的观点不仅厘清了动物劳动与人类劳动的本质

---

[1] 中共中央马克思恩格斯列宁斯大林著作编译局. 马克思恩格斯全集：第42卷 [M]. 北京：人民出版社，1982：97.

区别，也证明了劳动美是人类特有的、合目的性和规律性的劳动实践的产物。劳动者在创造美的事物的同时，其自身也被美所塑造，劳动美的外延合乎逻辑地从劳动产品之美向劳动者内在之美延伸。人世间的一切美好生活都是由劳动创造的，从来都没有不劳而获、坐享其成的幸福。芬兰教育家乌诺·齐格纽斯（Uno Cygnus）提出"孩子和青年应该充分熟悉并了解劳作不是一种枷锁和负担，而是一种美和光荣、一种幸福、一种对世俗生活的美好祝愿"①。为此，要通过劳动教育使中小学生树立"劳动最美丽"的劳动价值观，见证、感悟普通劳动者的大美，明白"不劳动可耻、不劳动低劣、不劳动渺小、不劳动丑陋"的道理。同样，还要通过劳动教育使中小学生树立"劳动者最美，奋斗者最幸福"的理念，以自己的汗水和智慧创造美好的生活，为美丽中国的建设贡献力量。

二、形成正确的劳动态度

20世纪德国教育家凯兴斯泰纳认为，"手工劳动职业的预备教育的目的，并不在于介绍劳动的过程、劳动工具、劳动器械和某种特定职业所需要的材料。正如脑力劳动职业教育的目的并非仅仅传授未来职业所需要的知识是一样的道理。任何地方的预备教育的目的都是健全职业教育所必需的机构，在于适应公正的劳动方法以及培养越来越细心，越来越彻底和越来越严谨的习惯。预备教育的目的还在于唤起真正的劳动热情"②。为了培养中小学生良好的劳动习惯，首先必须让他们树立正确的劳动态度。那么什么是正确的劳动态度呢？正确的劳动态度应该是自觉自愿地参加劳动，不用别人督促，更不用强迫，满腔热忱地努力完成本职工作；在劳动中，勇于克服困难，充分发挥自己的主观能动性，不分分内分外，任劳任怨，不计较个人的得失。它不仅包括对劳动——体力劳动和脑力劳动的热爱及

---

① 康建朝. 跨越一个半世纪的手工教育［N］. 中国教育报，2019-12-20（5）.
② 北京师联教育科学研究所. 职业教育思想与《劳作学校要义》选读：第四卷［M］. 北京：中国环境科学出版社，2006：44.

劳动人民的热爱，包括劳动中主人翁的责任感和无私的献身精神，还包括高度的劳动纪律性。只有热爱劳动，树立正确的劳动态度，才有助于中小学生提高思想道德素质、科学文化素质、劳动技能素质和身体心理素质。如何让中小学生形成正确的劳动态度呢？主要内容包括：让中小学生热爱劳动，以劳动为荣，懒惰为耻；珍惜劳动成果；劳动认真负责，遵守纪律，严守操作规程；不怕困难，具有从事创造性劳动的精神；力戒好逸恶劳、贪图享受、奢侈浪费；等等。在中小学校、家庭、社会生活中，在他人的示范、指导下通过劳动实践形成。

（一）崇尚劳动

人类一切优秀的道德品质和传统美德，是劳动人民在劳动中形成的，这些都能在热爱劳动、崇尚劳动中得到发展和体现。崇尚劳动历来是中华民族的优良传统。它不仅是马克思主义唯物史观的价值原则，也是我们中华民族的优秀道德传统。不忘本才能开辟未来，善于继承才能更好创新。中华民族自古以来就以勤劳勇敢为美德，勤劳和奋斗是我们生生不息的民族精神之魂。崇尚劳动是对劳动的一种认识，即认为劳动分工无贵贱，劳动价值有大小，美好的生活是通过劳动得来的，世界上没有一种真正具有价值的东西可以不经过艰苦辛勤的劳动而得到。崇尚劳动体现了一个时代、一个社会的劳动文化和文明水准，蕴含着对劳动的崇高性的高度认同和自我内化。崇尚劳动不仅体现着中小学生的劳动态度，而且会影响中小学生对职业劳动的认识和职业选择。我国几千年来形成的"万般皆下品，唯有读书高"的历史观念，孔子站在"学也，禄在其中矣"的士大夫立场而轻视稼穑之事的观念，以及隋唐以来"学而优则仕"的科举选人机制，导致"劳心者治人，劳力者治于人"的鄙视劳动思想长期存在。林语堂说过，中国的历代文人只管钓鱼，从不动手钓鱼，就如孔子不问稼穑，原因是文人不出汗，出汗非文人。而现代社会需要培养手脑并用、"允文允武"、全面发展的人才。建设富强民主文明和谐的社会主义现代化强国，根本上要靠劳动、靠劳动者创造。无论时代条件如何变化，我们党始终把工人阶级作为国家的领导阶级，把工人阶级和广大劳动群众作为国家的主人，努力提高劳动者待遇，大力表彰劳动模范，不断赋予劳动新的时代意义。新时代的劳动教育始终都要引导中小学生崇尚劳动、尊重劳动者，牢固树立历史由人民创造的观念，始终重视工人阶级和广大劳动群众的主力军作用，通过劳动播种希望、收获果实。

(二) 尊重劳动

我们每个人都是劳动者，我们生活在现代都市中，我们享受着科技带来的便捷生活，我们向往着未来更多不可思议的变化，这些离不开每一位身处于这个时代的人共同创造着属于自己的时代。[①] 尊重劳动是社会主义道德生活的集中体现。每一个社会形态中，不仅要有区别于其他社会形态、决定着整个社会生活的基本道德准则，而且还要有职业道德、社会公德等各种具体道德规范。这些诸多的社会道德规范，既决定于这个社会形态的基本道德要求，又各有其不同的功能和特点，彼此相互联系、相互作用，形成丰富多彩的社会道德生活。尊重劳动是对待劳动的基本态度，包含对劳动者的尊重、对劳动资料的节俭、对劳动过程的体贴、对劳动成果的爱惜等。李大钊说过："我觉得人生求乐的方法，莫过于尊重劳动。"[②] 作为人类的本质活动，一切劳动，无论是体力劳动还是脑力劳动，都值得尊重。以崇尚现代文明为由来摒弃劳动、远离劳动的人，崇拜衣着光鲜的白领阶层，却瞧不起体力劳动者，存在鄙视普通劳动者的不良心理。刘少奇与淘粪工人时传祥的故事说明在社会主义制度下，社会分工无高低贵贱之分，劳动者都是社会财富的创造者。即使在实行资本主义制度的德国，做技工也不低人一等，他们在社会上同样享有其他从事"高等职业"的人所拥有的声誉和尊重。在德国人看来，每个人所做的事情不过是分工不同而已，不存在尊卑贵贱之分。尊重劳动从尊重劳动者开始，普通劳动者永

[①] 项久雨. 新时代美好生活的样态变革及价值引领 [J]. 中国社会科学，2019 (11)：4-24，204.

[②] 李大钊选集 [M]. 北京：人民出版社，1959：60.

远是组成社会大厦的主体,要引导中小学生尊重劳动者的主体地位,不仅要尊重大国工匠、劳动模范,更要尊重普通劳动者。要理性看待智力劳动与体力劳动、复杂劳动与简单劳动的差别,尊重任何合理合法的劳动,在劳动实践中发展自己、创造财富、收获幸福。

(三) 热爱劳动

热爱劳动是中华民族的传统美德。"民生在勤,勤则不匮。"中华民族是勤于劳动、善于创造的民族。纵观五千多年的中华文明史,是劳动一直在推动着社会的进步,滋养着我们的精神世界。莫高窟、兵马俑、颐和园、京杭大运河、四川都江堰、万里长城,这些历经了岁月沧桑却仍然璀璨生辉的文明瑰宝,无不映照着千千万万劳动人民智慧的光芒。正是因为劳动创造,我们拥有了历史的辉煌;正是因为劳动创造,我们拥有了今天的成就。热爱劳动是对劳动的情感,从小事做起、热爱劳动一直是中华民族的传统美德。让中小学生适当地参加劳动益处很多:可以培养中小学生的社会责任感,还可以让中小学生养成艰苦奋斗的好品质。高尔基说:"热爱劳动吧。没有一种力量能像劳动,即集体、友爱、自由的劳动的力量那样使人成为伟大和聪明的人。"[1] 中国青少年研究中心做过的一项调查显示,当下,能够做到自我服务性劳动的中小学生不足半数,而喜欢劳动、经常做家务的孩子仅占约两成。[2] 当今中国家庭中独生子女居多,家长大多宠爱孩子,较少让孩子做家务。中小学生自理能力的缺失与劳动意识的淡薄是显而易见的,这种不会劳动、轻视劳动的现象反映的正是当今中小学教育的短板——劳动教育的严重缺失,这着实令人担忧。毋庸讳言,人的天性中有好逸恶劳的成分。因此,必须从小培养中小学生热爱劳动的习惯,"少成若天性,习惯如自然",心理学上的"动力定型"也是这个道理。要让中小学生进行"名人与劳动"讲故事比赛,讲讲"朱德的

---

[1] 云舒. 决定成败的智慧名言7009条[M]. 南昌:百花洲文艺出版社,2004:176.
[2] 张敏. 中小学生劳动教育的短板当补齐[J]. 甘肃教育,2018(1):7.

扁担",讲讲邓小平同志做钳工的故事,学习"自己动手,丰衣足食"的延安精神,学习"爱岗敬业、争创一流、艰苦奋斗、勇于创新、淡泊名利、甘于奉献"的劳模精神,以劳模为楷模,学会自己的事自己做、别人的事帮着做、公益的事争着做。

(四)珍惜劳动成果

珍惜劳动成果是中华民族的传统美德,也是热爱劳动人民的具体表现。《悯农》诗句"锄禾日当午,汗滴禾下土。谁知盘中餐,粒粒皆辛苦",反映了对劳动者、劳动过程、劳动产品的尊重。《治家格言》也记载"一粥一饭,当思来之不易;半丝半缕,恒念物力维艰"。勤俭节约、艰苦奋斗的品格流淌在中华民族的血液里,成为中华民族的传统美德。我们享受的每一份服务,我们使用的每一件物品,都凝聚着劳动人民辛勤劳动的汗水。尽管改革开放让很多人富了起来,现代家庭生活水平的提高,再加上家长对独生子女的溺爱,孩子任意浪费的不良习惯更加严重。家长为孩子准备的学习生活用品十分齐全,而且越来越追求高档化。对孩子来说,这些东西来得太容易,因而不知爱惜,常常是东西旧了或不喜欢了,就换新的或买更好的,有的随意损坏了也不在乎。甚至有不少家长认为,现在的家境不错,在物质上能满足孩子就尽量满足,不必为了一些小物品的丢失、毁坏而对孩子训斥;也有一些过于宠爱孩子的家长认为,东西是为人服务的,只要孩子开心就好。毛泽东同志那句"贪污和浪费是极大的犯罪"[1],到现在依然振聋发聩,这句话在过去、今天或是将来都很值得深思,永远不会过时。为此,要引导中小学生明白"奢靡之始,危亡之渐"的道理,不忘"由俭入奢易,由奢入俭难"的古训。为此,我们依然要保持勤俭节约、艰苦奋斗的品格,抵制铺张浪费,反对"衣来伸手饭来张口"要"纸上得来终觉浅,绝知此事要躬行",要想让中小学生真正珍惜劳动成果,就必须让他亲身参与劳动——不是作秀,而是要真正劳作——

---

[1] 毛泽东选集:第一卷[M].北京:人民出版社,1991:134.

只有自己劳动了，才会明白劳动苦累、成果珍贵。从小爱惜劳动成果，明白"珍惜劳动成果光荣，浪费劳动成果可耻"的道理，这也有利于培养我们的劳动习惯以及勤俭节约意识。

三、培养优良的劳动品德

品德是个体言行中表现出来的某些稳固的特征，就其实质来说，是道德价值和社会规范在个体身上内化的产物，是个体社会行为的内部调节机制。① 依此推知，劳动品德就是个体对于劳动所表现出来的相对稳定的道德素养和行为规范，是一种对他人、对社会较为稳定的心理表现和态度表达。遵从社会劳动规范会被认为具有良好劳动品德，否则便被认为劳动品德不佳。但在现实生活中，劳动过程中出现精力损耗通常被看作人类基本生存和发展的内在需要，劳动精神也总是被作为一种美德加以弘扬。因而当"品德"与"劳动"相连构成"劳动品德"一词时，便已经被赋予一种积极向上的寓意。作为中小学校劳动育人家校协同教育的重要内容之一，"劳动品德培养"便是在这一基础上组织实施的。随着我国经济社会发展的不断深入，传统劳动伦理受到消解，劳动异化现象开始显现，部分中小学生在价值取向和利益抉择上带有明显的自我倾向，更多地强调依靠劳动实现个人的目标追求和利益诉求，却有意弱化对社会责任和义务的承担。在新时代，辛勤劳动、诚实劳动、创造性劳动构成了劳动品德的新内涵。辛勤劳动是诚实劳动、创造性劳动的前提和基础；诚实劳动是辛勤劳动的表现，也是创造性劳动的前提；创造性劳动是辛勤劳动、诚实劳动的发展，是劳动智能化的时代特征，也是现代劳动的本质要求。辛勤劳动、诚实劳动、创造性劳动是各行各业、所有工作岗位都需要的品德，要通过多种形式的劳动教育，让辛勤劳动、诚实劳动、创造性劳动在中小学生中蔚然成风，潜移默化培养中小学生艰苦朴素、勤俭节约、自力更生的优良

---

① 吴文清，沈俊宇. 德性伦理学的社会智力理论论证：以南希·斯诺为中心的考察［J］. 东北师大学报（哲学社会科学版），2022（6）：66-75.

品德。因此，培育中小学生优良的劳动品德，要引导中小学生做诚实的劳动者，以创新、创业、创造激情，积极践行新时代劳动精神、劳模精神、工匠精神，在诚实劳动中实现自己的人生价值和理想抱负，还要把爱国主义教育作为重中之重，积极引导中小学生主动将个人成长、职业规划与国家发展、民族进步联系起来，把个人理想追求与国家兴旺发达融为一体。

（一）能够辛勤劳动

"一勤天下无难事""民生在勤，勤则不匮"，这些中国人自古秉承的劳动信念在新时代依然熠熠生辉，"坚持艰苦奋斗，不贪图安逸，不惧怕困难，不怨天尤人，依靠勤劳和汗水开辟人生和事业前程"依然是新时代中小学生需要积极发扬的美德。改革开放以来，中国的发展速度和取得的发展成就令世人惊叹，中国人的勤奋为世人所称道。勤劳是中国人所传承下来的一种宝贵品质，也是我们全民族所倡导的一种精神和力量。劳动创造了璀璨的物质文明与精神文明，更创造了人类自身。中华民族有勤于劳动、善于创造的传统。不同的时代，都有大量的劳动模范涌现。毛泽东同志指出，"社会主义制度的建立给我们开辟了一条到达理想境界的道路，而理想境界的实现还要靠我们的辛勤劳动"[1]。主人翁的责任感、忘我的劳动热情、无私的奉献精神、良好的职业道德和爱岗敬业精神是劳模精神的重要体现。任何时代的劳模都是时代先锋和民族脊梁。劳动模范是我国工人阶级中一个闪光的群体，他们享有崇高声誉，备受人民尊敬。劳模精神在不同时代被赋予不同的内涵。"宁愿一人脏，换来万家净"的时传祥、"宁可少活二十年，拼命也要拿下大油田"的王进喜等人使"艰苦奋斗、无私奉献"的劳动价值观广泛传播；以"杂交水稻之父"袁隆平、数学家陈景润、"当代毕昇"王选等为代表的知识分子劳模激励人们开展创造性劳动。劳模引领社会大众投身社会主义事业建设的导向作用始终不变，劳模精神始终是推动社会前行的"精神力量"。要在家庭、中小学校和社会

---

[1] 毛泽东文集：第七卷 [M]. 北京：人民出版社，1999：226.

上营造劳动教育氛围，善用勤于劳动、善于创造的感人故事激励中小学生，让中小学生认识到劳动的重要性，还要通过劳动和创造播种希望、收获果实的生动故事激励中小学生，让中小学生充分认识到劳动对个人和社会的价值，让劳动创造价值、实现梦想的理想信念根植于中小学生的内心。

（二）能够诚实劳动

"人而无信，不知其可也。"诚实，就是忠诚正直、言行一致、表里如一。守信，就是遵守诺言、不虚伪欺诈。诚实劳动是辛勤劳动的表现，也是创造性劳动的前提。孟子将"诚"与"信"相结合提出了道德修养论，千百年来，已经成为中华民族众多仁人志士的立身之本，同时在当代社会人际关系、社会秩序和治国理政中仍旧发挥着不可替代的重要作用。无论是古代社会还是当今社会，一个不讲诚信的人是无法在社会上立足的。遵守劳动纪律的诚实劳动是我们所积极倡导和弘扬的；反之，投机取巧、溜奸耍滑与社会主义主流价值观相违背，要予以抵制和反对。不诚实地劳动是一种消极的劳动，不但不会创造价值，反而会妨碍社会的发展，损害广大人民群众的切身利益，于人、于国皆为害。进入新时代，诚信已经成为社会主义核心价值观在个体层面对公民行为准则的价值评价之一，是公民职业行为"敬业"准则的延展和落地。从普遍意义上讲，忠于职守首先要诚实劳动，要求人们在劳动创造过程中尊重客观事实，不作假、不欺骗、不投机、不耍滑；克己奉公的重点是信守承诺，要求人们遵守诺言、信守契约精神，以个体行为约束共同维护集体信誉形象；服务人民的前提是诚恳待人，为人处世实实在在、坦坦荡荡，不欺人亦不自欺。习近平总书记指出，"人世间的美好梦想，只有通过诚实劳动实现；发展中的各种难题，只有通过诚实劳动才能破解；生命里的一切辉煌，只有通过诚实劳动才能铸就"[1]。可以说，尊重劳动、倡导劳动是社会主义先进性的显著标志，勤

---

[1] 人世间的美好梦想，只有通过诚实劳动才能实现［EB/OL］. 求是网，2011-04-29.

奋劳动、诚实劳动、创造性劳动是社会主义国家劳动者的鲜明特征。劳动者的拼搏与汗水是中国人编梦、织梦并屡屡成真的真谛。劳动教育要引导中小学生用自己的劳动换取价值。我们的社会需要诚实劳动，诚实劳动是生命之本，更是社会之根本，只有诚实劳动，才会有精彩人生和永久的辉煌。

（三）能够创造性劳动

创造性劳动是劳动者辛勤劳动、诚实劳动的发展，也是劳动的核心和本质要求。创造性有两种表现形式：一是发明，二是发现。发明是制造新事物，如瓦特改良蒸汽机、鲁班发明锯子。发现是找出本来就存在但尚未被人了解的事物和规律，如门捷列夫发现元素周期律、马克思发现剩余价值规律等。人类社会的进步有赖于创造性劳动。在人类历史上，工具让人拥有了改变世界的能力。当前，人工智能可以替代一些传统的人力劳动工作，替代更多危险、高体力和智力消耗的劳动，代替人类完成重复、单调、枯燥的劳作，人工智能还将创造一些新工作岗位。人工智能极大地改变了人类的劳动方式和生活方式，改变了工作场景，改变了人们工作的种类以及所需要的工作技能，让"解放劳动力"的人类理想逐步变成现实，但它同时也给现阶段靠劳动生存的人们带来威胁。麦肯锡报告显示，自动化能够完全取代的职业其实很少，但是对所有的行业都会多多少少产生影响，最容易实现自动化的行业是制造业、零售业、餐饮住宿业，最难实现自动化的工作是管理培训、决策、规划和创意等知识型工作。[①] 同时，一些新的岗位也会产生，如需要更多综合知识技能的岗位、与人工智能相关的岗位、与创意创造有关的岗位等。在未来世界的劳动中，创意、创造、知识将会成为主宰。[②] 创新的劳动是不可复制的，具有"原创性"。创造性劳动建立在开放性思维和挑战性实践的基础之上，其所创造的价值较一

[①] 麦肯锡出了份很"囧"的报告，教你进哪行才不容易被机器抢掉工作 [EB/OL]. 网易，2016-07-28.

[②] 刘向兵. 劳动的名义 [M]. 北京：中国工人出版社，2018：52.

般劳动更大。进行创造性劳动的人及创造性劳动的成果理应更受到社会的尊重。因此,开设劳动课也好,培养中小学生的劳动习惯也好,都要着眼于未来的社会发展需要,鼓励中小学生通过奇思妙想、发明创造来提升效率。一些中小学校将劳动课与科技课、手工课和发明兴趣小组结合起来,值得借鉴。① 中小学校的劳动教育应当提高技术含量,有一定的挑战性,更要体现创造性的智力劳动所具有的特点。

(四) 养成良好劳动习惯

劳动是人的生存本能,没有劳动习惯、不会劳动的人是难以通过未来的生存考验的。习近平总书记指出,要教育孩子们从小热爱劳动、热爱创造,通过劳动和创造播种希望、收获果实,也通过劳动和创造磨炼意志、提高自己。② 良好的劳动习惯主要表现在热爱劳动,习惯于劳动,适应于劳动,自觉自愿地参加劳动。有良好劳动习惯的人,不管从事哪方面工作,不管在什么情况下,都有一股奋斗不息的精神,有一种埋头苦干奋发向上的精神。良好的劳动习惯不是与生俱有的,而是在长期的社会实践中逐渐养成的。中小学生在思想道德等方面可塑性很大,应加强修养和学习,在实际的各类劳动中磨炼和培养劳动习惯。毛泽东同志指出,我们社会主义时代的中小学生不仅要树立热爱劳动和劳动人民的思想、社会主义和共产主义的劳动态度,而且还要养成良好的劳动习惯,真正成为"有社会主义觉悟的有文化的劳动者"③。在这方面,老一辈无产阶级革命家为我们树立了光辉榜样。在井冈山时期,红军总司令朱德同志和战士一起下山挑粮,为防止别人再次拿走他的扁担,他就在新找的一根扁担上写上"朱德记"三个大字。在延安时期,毛泽东、朱德亲自开荒、种地,周恩来参加了纺棉比赛,王震同志领导的359旅把过去处处是荒山,没有人烟的南泥湾变成了"到处是庄稼,遍地是牛羊"的陕北江南。中华人民共和国成

---

① 新一代劳动者要学会创造性劳动 [EB/OL]. 中国经济网,2018-09-14.
② 习近平:劳动最光荣 奋斗最幸福 [EB/OL]. 求是网,2021-04-29.
③ 毛泽东文集:第七卷 [M]. 北京:人民出版社,1999:781.

立以后，1958年6月25日，毛泽东、刘少奇、周恩来、邓小平等领导同志及全体中央委员以普通劳动者的身份到十三陵水库参加义务劳动。对此，父母要让孩子参与家务劳动，强化孩子的责任感，丰富其生活知识，磨炼其意志。中小学校是孩子生活和学习的重要场所，要为中小学生创造一个热爱劳动的氛围，要把劳动作为培养孩子成才的重要内容，促进中小学生全面发展。人的成长离不开社会，社会要经常开展一些面向中小学生的公益活动，方便中小学生参与，让中小学生在互动中感受劳动的乐趣。

四、接受必需的职业启蒙

劳动教育是现代职业教育体系之根，也是对中小学生开展职业启蒙的教育，能够成为学生未来人生的奠基石。[①] 近年来，国家有关部委越来越重视对中小学生的职业启蒙教育。2014年，教育部等六部门发布的《现代职业教育体系建设规划（2014—2020年）》中就指出，普通教育学校应"为在校生和未升学毕业生提供多种形式职业发展辅导"。此处的"职业发展辅导"便是"职业启蒙教育"的重要形式。2017年1月，国务院在颁发的《国家教育事业发展"十三五"规划》中特别指出，"在义务教育阶段开展职业启蒙教育"[②]。这是国家第一次以"五年规划"的形式突出对"职业启蒙教育"的强调。2017年9月，教育部印发了《中小学综合实践活动课程指导纲要》，将"职业体验"作为综合实践活动课程的四大模块之一，并将职业体验界定为"学生在实际工作岗位上或模拟情境中见习、实习，体认职业角色的过程，如军训、学工、学农等，它注重让中小学生获得对职业生活的真切理解，发现自己的专长，培养职业兴趣，形成正确的劳动观念和人生志向，提升生涯规划能力"；并进一步指出职业体验的关键要素包括"选择或设计职业情境；实际岗位演练；总结、反思和交流

---

① 职业启蒙教育，现代职业教育体系之根［EB/OL］.人民网，2015-06-25.
② 国务院印发《国家教育事业发展"十三五"规划》［EB/OL］.央视网，2017-01-19.

经验过程；概括提炼经验，行动应用"，规范了职业体验活动的基本程序。① 可见，"职业体验"的目的在于"职业启蒙教育"，而职业启蒙教育的核心路径是"职业体验"，凸显了教育部对职业启蒙教育的行动规划和路径指向。另外，职业启蒙教育也是劳动教育的重要旨趣。2018年，习近平总书记在全国教育大会上重新强调劳动教育的重要性，并要求将劳动教育贯穿于各级各类教育体系中。随后，2019年2月由国务院印发的《国家职业教育改革实施方案》指出，应"鼓励中等职业学校联合中小学校开展劳动和职业启蒙教育，将动手实践内容纳入中小学校相关课程和学生综合素质评价"②。可见，职业启蒙教育是中小学校劳动育人家校协同教育的重要内容。从大职教观的视野，职业启蒙教育应是现代职业教育体系的初始阶段。中小学生是进行职业启蒙的黄金期，这一阶段要让中小学生通过劳动教育了解社会，接触多种职业，进行体验式学习，这是提高中小学生发现问题与解决问题能力的最佳时机。

(一) 加强职业启蒙教育

2019年2月，国务院印发的《国家职业教育改革实施方案》指出，"鼓励中等职业学校联合中小学校开展劳动和职业启蒙教育，将动手实践内容纳入中小学校相关课程和学生综合素质评价"③。职业启蒙教育不是面向就业的职业教育，而是开启中小学生职业兴趣、职业情感、职业理想，培养中小学生职业倾向、职业意识及初步的职业技能的教育。职业启蒙教育应贯穿人生发展的每个阶段，从小开展职业启蒙教育，会使中小学生对未来世界有所了解，认识职业的性质，养成良好的职业态度，发展自身的兴趣和特长，为适应职业环境和职业素养的养成奠定坚实的基础。例如，日本的职业启蒙已经从小学前移到幼儿园，以促使孩子从小思考自己将来

---

① 教育部关于印发《中小学综合实践活动课程指导纲要》的通知 [EB/OL]. 中华人民共和国教育部，2017-09-27.
② 国务院关于印发国家职业教育改革实施方案的通知 [EB/OL]. 中国政府网，2019-02-13.
③ 国务院关于印发国家职业教育改革实施方案的通知 [EB/OL]. 中国政计网，2019-02-13.

可能的发展方向。日本的幼儿园和小学经常开展职业体验活动,如在社会课的学习中,中小学生通过参观、调查等形式了解相关专业,选择感兴趣的课题开展学习活动,达到促进思考未来的目的。早在20世纪70—80年代,德国就明确了以劳动课等形式对中小学生进行职业启蒙教育,劳动课被确认为中学课程不可或缺的组成部分。德国的劳动课要求学生不仅了解劳动在人类生产和生活中的作用,掌握某项生产劳动技能,还要了解生产过程,了解劳动与生态环境保护、劳动与社会的关系。美国在1989年发布的《国家职业发展指导方针》对中小学生的职业能力做出具体要求,包括理解和使用职业信息的技能、对职业决策的理解、对职业和性别角色变换的认识等。美国还通过具体的课程与活动实施职业启蒙教育。[①] 开展职业启蒙教育对改变人们的职业认知、培养孩子的职业兴趣、促进其进行职业选择具有重要的作用。通过初步的职业体验让中小学生平等对待每一份职业,树立正确的职业观念,在今后的学习生活中不断评估自身能力与职业要求契合度,从而选择适合自身兴趣与能力的教育类型、专业方向和发展路径。

(二)开展职业准备教育

职业是指人们在社会生活中所从事的能获得物质报酬并能满足自己精神需求的、在社会分工中需要专门技能的工作。[②] 从社会角度看,职业是劳动者获得的社会角色,劳动者为社会承担一定的义务和责任,并获得相应的报酬。从国民经济活动所需要的人力资源角度来看,职业是指不同性质、不同内容、不同形式、不同操作的专门劳动岗位。苏霍姆林斯基说:"劳动以外的教育和没有劳动的教育是不存在也不可能存在的。"[③] 为此,在基础教育阶段进行职业启蒙教育是非常必要的。通过职业启蒙教育可以

---

① 国务院关于印发国家职业教育改革实施方案的通知[EB/OL].新华网,2021-04-29.
② 罗德尼·佩弗,李旸.分析的马克思主义与社会正义[J].国外理论动态,2018(8):22-33.
③ 郭晓滨.教育的艺术[M].大连:辽宁师范大学出版社,2005:127.

使中小学生对社会职业有初步的认识和了解，激发他们对自身职业生涯规划的思考。小学阶段开设劳动技术课程，主要培养中小学生的劳动观念、劳动情感和态度，进行劳动价值观的教育。初中阶段开设职业生涯教育与指导课程，使中小学生对社会的经济结构、产业结构、职业概况和技术的发展水平有一个基本的了解，引导中小学生进行适合自身特点的职业选择；同时开设职业技术教育方面的课程，如农业、工业、商业等课程供中小学生选修，这些课程传授的知识和技能不是针对某一种职业的，而是面向各行各业的。通过开设这些课程让中小学生建立起农、工、商的概念，了解各种环境之间的相互关系，树立安全意识和环境保护意识，掌握规划、设计等一般技能。高中阶段学生的体能、智能以及他们对自然和社会的认识尽管都有了一定的发展，但还远未达到成熟和完善的程度，兴趣容易转移，难以对职业做出抉择。这就要求高中阶段教育应根据中小学生多元智力的特点，使其在综合素质得到发展的基础上，又能因人而异，强调个人选择，建立职业教育与普通教育的互通机制，充分满足中小学生个性发展的需要，使其获得最大限度的自由发展。总之，职业准备教育可以使中小学生更加从容地由普通学校向职业学校和职业世界过渡，让职业教育成为一部分中小学生自愿、自主的选择。

（三）加强创新创业教育

当前，大众创业、万众创新的理念正日益深入人心，创新创业问题越来越受到社会各界的关注。党的十八大以来对创新创业人才培养做出许多重要部署，国务院对加强创新创业教育提出明确要求。党的十八大明确提出，要加大创新创业人才培养支持力度。习近平总书记多次做出重要指示，要求加快教育体制改革，注重培养中小学生创新精神，造就规模宏大、富有创新精神、敢于承担风险的创新创业人才队伍。近年来，国家要求各中学开设创新创业教育课程，并鼓励部分中小学生进行自主创新，将知识应用于实践。加强创新创业教育，建设知识型、技能型、创新型高素质劳动者大军，是新时代劳动育人服务社会经济发展、实现劳动者人生价值的关键环节。中小学校劳动育人的社会价值体现在通过培养合格的劳动者满足社会生产发展的需要,指导劳动者就业创业目的在于协调市场岗位与求职者之间的供求平衡,从而实现人尽其才,各得其所。一方面,要激发劳动者的创业意愿和创业理想,培育创业者艰苦奋斗、敢闯敢干、迎难而上等优秀品质,鼓励他们将自身的兴趣和优势同社会和国家的需要相结合,时刻关注经济社会发展趋势,积极了解国家相关创业政策,充分发挥能动性和创造性,自觉将创新思维转化为创业活动。另一方面,要增强劳动者的创业实践能力,尤其是创新意识、创新精神和创新能力,使劳动者接受系统科学的专业教育,储备基本的劳动知识与技能,又要通过开发创业课程和开展创新创业实践活动等方式挖掘劳动者的创新能力和创业潜质,提升他们的创业素养和实践技能。最后还要优化创新创业环境,给予创业者相应的制度、资金、技术、管理等方面的支持,破除阻碍大众创业、万众创新的体制机制,完善中小学校、家庭和社会等主体的协同育人模式,从而进一步激发全社会创新创业热情和创造活力。

第三节 新时代中小学校劳动育人原则

新时代中小学校劳动育人是立德树人,培养德才兼备、全面发展的社会主义事业建设者和接班人,促进新时代中小学生全面发展的重要内容和必要途径。新时代中小学校劳动育人原则是有效进行中小学校劳动育人所必须遵循的基本要求,它是合目的性与合规律性的统一。从合目的性的角度看,新时代中小学校劳动育人必须符合国家中小学校教育的基本方针和目的,完成中小学校教育的基本任务;从合规律性的角度看,新时代中小学校劳动育人必须符合当代中小学生的身心发展规律和新时代的社会劳动发展规律。从合目的性与合规律性相统一的视角出发,本节提出了新时代中小学校劳动育人的五项基本原则，以期对新时代中小学校劳动育人的成功实施提供有效的指导。

一、时代性原则

劳动教育是一个动态的、发展的概念，中小学校劳动育人的内涵也随着时代的发展而不断丰富、发展和完善。因此，其具有鲜明的时代特征，要深刻理解和把握新时代劳动的"变"与"不变"。一方面，要讲明新时代劳动的本质不变性。马克思主义唯物史观强调，劳动是人类的本质活动，劳动改造自然、劳动创造世界、劳动创造人本身，离开劳动人类就不能生存与发展。[①] 这些本质特征决定了劳动始终是推动社会发展、人类进步的根本力量。即使到了新时代，人工智能可以代替人类的部分体力或脑力劳动，人类的自由闲暇时间明显增加，也绝不能滋生贪图享乐、好逸恶劳的心理。要知道，人类的文明进步、社会的健康和谐、国家的繁荣富强，依然离不开中国制造硬实力的支撑，离不开全体社会成员人尽其才、各尽所能的辛勤劳动、诚实劳动、创造性劳动。另一方面，要深入认识新时代劳动的形式变化性。讨论新时代的劳动时，不能只把体力劳动、简单劳动看成劳动，要教育和引导中小学生充分认识新时代劳动形态的丰富性，以及不同形态的劳动在社会生产生活中的地位、作用，把脑力劳动与体力劳动、群体劳动和个体劳动、有偿劳动和公益劳动、简单劳动和复杂劳动、创造性劳动和重复劳动、生产领域的劳动和非生产领域的劳动等都看成劳动，真正明白并由衷认同不论是体力劳动还是脑力劳动，不论是简单劳动还是复杂劳动，一切为我国社会主义现代化建设做出贡献的劳动都是光荣的，都应该得到承认和尊重的道理。习近平新时代中国特色社会主义思想是新时代的马克思主义，是新时代治国理政的最高指导思想。习近平总书记在全国教育大会上明确提出了要"努力构建德智体美劳全面培养

[①] 李勇强. 论西方学者对马克思劳动解放理论的误读与诘难：兼论新时代中国特色社会主义劳动逻辑的弘扬［J］. 西南大学学报（社会科学版），2022，48（3）：28-41.

的教育体系"，第一次将劳动教育作为一项独立内容纳入了人才培养体系，并赋予了其与德育、智育、体育、美育同等的教育地位。新时代中小学校劳动育人要以习近平新时代中国特色社会主义思想为指导，全面贯彻落实习近平总书记关于劳动和劳动教育的重要论述。

二、思想性原则

思想性指劳动文化教育"所表现出的政治倾向和社会意义"[①]。劳动文化教育要融思想性于其中。要深刻理解和把握劳动教育在社会主义建设者和接班人培养中的思想引领作用。关于我国教育的人才培养目标，不同时期有不同说法。1957年，毛泽东同志在《关于正确处理人民内部矛盾的问题》中明确指出，"我们的教育方针，应该使受教育者在德育、智育、体育几方面都得到发展，成为有社会主义觉悟的有文化的劳动者"[②]。1978年4月，邓小平同志在全国教育工作会议上的讲话中使用了"合格的人才""专门家""劳动后备军"等说法。[③] 1985年《中共中央关于教育体制改革的决定》中则出现了"要造就数以亿计的工业、农业、商业等各行各业有文化、懂技术、业务熟练的劳动者。要造就数以千万计的具有现代科学技术和经营管理知识，具有开拓能力的厂长、经理、工程师、农艺师、经济师、会计师、统计师和其他经济、技术工作人员"[④]。这一复杂的列举式描述在1993年的《中国教育改革和发展纲要》中被凝练为"培养德、智、体全面发展的建设者和接班人"[⑤]。1995年《中华人民共和国教

[①] 路丽梅，王群会，江培英. 新编汉语辞海 [M]. 北京：光明日报出版社，2012：1243.
[②] 何东昌. 中华人民共和国重要教育文献：1949—1975 [M]. 海口：海南出版社，1998：725.
[③] 何东昌. 中华人民共和国重要教育文献：1949—1975 [M]. 海口：海南出版社，1998：1607.
[④] 何东昌. 中华人民共和国重要教育文献：1949—1975 [M]. 海口：海南出版社，1998：2286.
[⑤] 何东昌. 中华人民共和国重要教育文献：1949—1975 [M]. 海口：海南出版社，1998：3471.

育法》中正式确定为"德、智、体等方面全面发展的社会主义事业的建设者和接班人"[①]。2015年重修《中华人民共和国教育法》时，则发展为"德、智、体、美等方面全面发展的社会主义建设者和接班人"。与"劳动者"相比，"建设者与接班人"的提法更强调人才的专业性与政治性，这一导向完全符合当今社会发展与科技进步的大趋势。实际上，无论何时，合格的社会主义建设者和接班人本质上都是"以劳动托起中国梦"的辛勤劳动者、诚实劳动者、创造性劳动者。习近平总书记将劳动教育纳入社会主义建设者和接班人的要求之中，充分彰显了建设者和接班人的劳动者本质。强调在劳动中坚定理想信念、在劳动中厚植爱国情怀、在劳动中加强品德修养、在劳动中增长知识见识、在劳动中培养奋斗精神、在劳动中增强综合素质，以劳动教育夯实社会主义建设者和接班人全面发展的基础，是新时代我国加强中小学生劳动教育的重要原则。

三、系统性原则

新时代中小学校劳动育人家校协同教育是以劳动课程教育为基础，贯穿人才培养全部环节的教育体系。同时，作为培养中小学生全面发展的必要途径，劳动教育应贯穿中小学校人才培养的全部环节，融入中小学校立德树人、教学科研的方方面面，与中小学生的思想政治教育、专业教育、实习实训、创新创业教育、职业生涯规划与就业指导、社会实践、校园文化和志愿服务等有机融合。为此，中小学校要深刻理解和把握中小学校劳动育人有机融入与独立设置的关系，加强劳动教育的体系设计。劳动作为人类最基本、最重要的存在方式，本身就具有巨大的教育价值。它是完整的知识建构必不可少的统合要件，是个体发展智力、增长才干、形成健全人格、养成良好品德的根基。正是从这个意义上说，苏霍姆林斯基坚持认为，离开了劳动就没有真正的教育，"教育的任务就是让劳动渗入我们所

[①] 何东昌. 中华人民共和国重要教育文献：1949—1975 [M]. 海口：海南出版社，1998：3790.

教育的人的精神生活中去，渗入集体生活中去，使得对劳动的热爱在少年早期和青年早期就成为他的重要兴趣之一"[1]，"如果学生只知享用由社会创造并提供给中小学校的那些物质和精神财富，就不可能产生真正的教育"[2]。新时代中小学校劳动育人家校协同教育在劳动教育培养体系中，它们的指导思想一致、基本原则一致、目的取向一致，但在具体的培养目标、课程体系、内容设置和教育方式上，根据不同学段中小学生的身心发育特点又各有侧重。因此，作为教育的根和魂，劳动教育理应有机融入人才培养的各个环节中。在具体的实施过程中，以中小学校教育为主，统筹协调家庭、社会各方的教育资源，形成教育合力。其中，家庭是劳动教育的基础力量，通过日常性的家务劳动，培养劳动习惯；中小学校是劳动教育的主要阵地，通过劳动教育课程和具体的劳动实践，提升劳动素养，培养劳动技能；社会是劳动教育的支持保障，通过开放劳动场所、增加劳动体验等为中小学校劳动育人家校协同教育提供支持。中小学校、家庭、社会相互补充，合力引导中小学生参加日常生活劳动、生产劳动和服务性劳动，从而形成协调一致的劳动育人系统。

四、协同化原则

家庭是劳动教育的起始点，要让尊重劳动、热爱劳动成为"好家风""好门风"的重要内容。中小学校是劳动教育的主战场，要在开设劳动科学概论等必修课的同时，推进劳动教育与思想政治教育、专业课教育、社会实践、创新创业教育、校园文化建设等有机结合，引导中小学生立足勤奋学习，立志劳动创造。社会是劳动教育的大熔炉，鼓励中小学生走进社区、工厂、部队、农村，感知中国大地，体察国情民情，促进形成"崇尚一技之长，不唯学历凭能力""三百六十行，行行出状元"的社会风尚。要深刻理解和把握中小学校教育与家庭教育、社会教育的关系，在用好中

---

[1] 苏霍姆林斯基. 帕夫雷什中学 [M]. 北京：教育科学出版社，1983：361.
[2] 苏霍姆林斯基. 帕夫雷什中学 [M]. 北京：教育科学出版社，1983：362.

小学校这个主战场的同时，发挥好家庭教育和社会教育的协同作用。一方面，要积极发挥家庭教育在个体劳动素养培育中的基础性作用，做好家校沟通工作，家校合力共同培养中小学生良好的自我服务劳动和家务劳动习惯。家校合力共同培养中小学生正确的择业就业观，有效解决中小学生未来就业中存在的"啃老""拼爹"等不良现象。另一方面，要积极发挥好社会劳动教育的重要支撑作用。要加大社会实践力度，多组织中小学生走进社区、工厂、部队、农村，在改革开放和社会主义现代化建设的大熔炉里，感知中国大地，体察国情民情，在社会的大学校里，拥有真才实学；要构建中小学校、社会、企事业单位三协同的师资团队，组建社会志愿者辅导团队，把劳动模范、大国工匠、传统技艺师傅、非遗传承人、老教授、老专家、老科技工作者等组织动员起来，为中小学生劳动创造提供辅导；要充分发挥好基础教育的社会服务功能，积极与企事业单位建立产学研用、互惠互利的合作共赢关系，切实建设好和发挥好校外劳动实践基地的作用；要积极向政府争取政策立法，以减免部分税收或拨付企业教育补助金等方式，对与中小学校建立了稳定的实习实训合作关系的企事业单位予以奖励，更好地调动社会力量参与中小学校劳动育人家校协同教育的积极性。

五、综合性原则

新时代中小学校劳动育人家校协同教育既是培养中小学生正确的劳动价值观、提升中小学生的劳动素养，又是培养中小学生劳动基础知识和专业技能的一项综合性教育。通过将劳动教育融入中小学生的人才培养体系，设置专门的劳动教育课程，有目的、有计划地组织中小学生参加日常生活劳动、生产劳动和服务性劳动，一方面磨炼中小学生的劳动意志、培养中小学生正确的劳动观念和良好的劳动品质，另一方面也使中小学生掌握基本的劳动知识和劳动技能，成为社会主义建设事业的合格劳动者。新时代中小学校劳动育人家校协同教育既与德育、智育、体育、美育一起构成中小学校人才培养的综合性教育体系，促进中小学生的全面发展；又能兼"五育"而有之，具有树德、增智、强体、育美的综合育人价值。五育并举，中小学校劳动育人家校协同教育与德育、智育、体育、美育协调配合、有机协同，形成育人合力。同时，通过劳动教育，不仅要培育和养成中小学生的劳动观念、劳动态度、劳动习惯，增长劳动知识和劳动技能，还要锻炼中小学生身体、磨炼中小学生意志、促进中小学生心理健康，塑造中小学生美好心灵、培育中小学生审美观念、丰富中小学生审美体验，使中小学生深刻认识和理解"劳动最美丽"的道理，并通过劳动主动追求美好人生。

第四章

新时代中小学校劳动育人家校协同教育现状分析

劳动是人类最基本和最重要的社会实践性活动，也是人类社会生存和发展的根本前提，更是人类"永恒的必然性"。2018年，习近平总书记在全国教育大会上提出将培养德、智、体、美、劳五位一体的社会主义现代化人才作为未来教育发展的方向后，中小学校积极践行国家教育发展战略，要求中小学生积极弘扬劳动精神，教育引导中小学生崇尚劳动、尊重劳动，懂得劳动最光荣、劳动最崇高、劳动最伟大、劳动最美丽的道理，长大后能够辛勤劳动、诚实劳动以及创造性劳动。① 在坚持国家总体教育政策导向的同时，中小学校劳动育人家校协同采取积极措施，创设合作环境，争取中小学生所在家庭共同努力、相互配合，共同实现新时代中小学校劳动育人家校协同，培育社会主义现代化建设新人。下面就新时代中小学校劳动育人家校协同教育现状进行分析。

第一节 新时代中小学校劳动育人家校协同教育取得成绩

新时代中小学校和家庭对劳动教育更加重视，中小学校劳动育人家校协同教育已经成为提高中小学生劳动教育的根本之道。无论是中小学校，

---

① 加强劳动教育促进全面发展［EB/OL］. 人民网，2018-10-18.

还是家庭，都认为只有通过劳动育人家校协同的方式，才能从根本上推动中小学生劳动教育的改革与发展，才能实现中小学生自由而全面的发展。同样，作为社会的基本细胞，以及中小学生成长、成才的主要阵地，家庭也改变了传统忽视劳动教育、忽视中小学生参与家庭劳动等错误的意识，重新塑造共同价值理念，形成尊重劳动、尊重知识、尊重人才、尊重创造的共识，由此取得巨大的成绩。

一、劳动育人家校协同教育理念得到社会认同

改革开放以来，中国劳动教育理论的不断完善，社会劳动者综合素养的提高，以及国家、社会、企业对劳动力质量和劳动人才素质提出了更高的要求。为了有效回应经济大发展、社会大变迁、人口大流动，特别是信息化社会、高新技术产业迅速发展对未来劳动者提出的新要求，劳动育人家校协同教育理念逐步得到了中小学校和家庭的广泛认同。诚实劳动、创新劳动、科学劳动，对中小学生全面发展而言，不仅能够锻炼他们的体魄，提升劳动能力和技能，更有助于塑造中小学生的世界观、人生观和价值观，使他们确立尊重劳动、尊重劳动人民、尊重劳动成果的思想价值观念。在劳动育人教育体系内，仅凭国家、中小学校、教师的教育各自为战，必然不会取得理想的教育效果。同样，家庭与中小学校的各自为战，更不会从根本上提高中小学生的劳动能力。为此，应该建立家校合育协同体系，牢固建立统一战线，从各个角度、多层面综合塑造、共同开展培育中小学生的劳动教育。当前，劳动育人家校协同教育理念已经在我国中小学校和各个家庭形成了普遍共识，得到了中小学校和家长们的广泛认同。在国家战略发展层面而言，劳动育人家校协同教育理念也已经被纳入党和国家的教育方针之内。2020年，中共中央、国务院印发的《关于全面加强新时代中小学劳动教育的意见》（以下简称《意见》）中，再次强调了家校共育的指导思想，提出要将劳动教育纳入人才培养全过程，贯通大中小学各学段，贯穿家庭、中小学校、社会各方面。《意见》颁布后，得到了广大家庭的大力支持，很多家庭开始设计并逐步确立起崇尚劳动、热爱劳动、尊重劳动成果等为主题的家风、家训，并且通过现代通信技术，如微信等，主动建立了家长群、班级群、教育群，在劳动育人内容、方法、实现路径、监督方式等问题上，加强与中小学教师、劳动教育专业教师以及中小学生劳动协会等部门之间的沟通与联系，劳动育人家校协同教育理念成为当前中小学校和家庭共同的价值追求。

二、劳动育人家校协同教育与校园文化相融合

校园文化是中小学校在发展中创建的，为全校教职工和全体学生共同认可的校园文化和艺术环境，它是中小学生学习、教师教学以及家庭认同的学生学习生活的精神家园。① 在中小学校的不断发展中，校园文化建设有助于传承校风、校训，培育中小学生情怀，形成中小学生成长的文化环境，也是中小学生在学校生活中能够真切感受到的文化气氛。校园文化是劳动育人的重要载体，是中小学校开展劳动育人的支撑。在中小学校劳动育人家校协同教育建设中，相关部门在校园文化的设计和建设总体规划和实践中，能够积极主动地融入"劳动最光荣、劳动最美丽、劳动最可贵"等崇尚劳动的精神元素，通过中小学教师的热爱劳动的价值理念和自觉从事脑体力、体力劳动的行为，使劳动在教学、科研、学习、生活等各个方面都有所体现，让中小学生在校园生活中充分真切地感受到劳动的魅力、劳动的崇高、劳动的可贵，并得到了家长的普遍支持。在推进劳动育人家校协同教育与校园文化建设过程中，中小学校在家长的配合和支持下，学校以校史、校训、校歌等方式对中小学生实施劳动理论教育的同时，充分挖掘校史中的创新、拼搏、迎难而上、任劳任怨、立德树人、热爱劳动等典型案例，充分使用现代技术手段，以图片、话剧、视频等方式还原历史，让中小学生在重温历史的过程中接受精神洗礼。例如，贵阳一中原创

---

① 曹能秀，马妮萝. 中华民族共同体意识培养融入学校教育研究［J］. 云南师范大学学报（哲学社会科学版），2022，54（1）：122-131.

话剧《李端棻先生》就是以其第一位校长——贵阳一中建校者李端棻先生为人物原型,通过还原李老先生在古稀之年仍殚精竭虑、历经艰辛,为建校需要在短时间内接受任务并顺利完成的感人故事,营造了要热爱劳动、不懈努力、为国家为中小学校奋斗终生的家国情怀。很多中小学生观看了这部话剧,深受感染,同时一些中小学生也邀请自己的家长来共同观看,家长们不仅被贵阳一中的校园文化深深触动,而且很多家长也自发同中小学校一起,共同对中小学生开展形式多样的劳动教育。由此,中小学校和家庭在劳动育人上达成了共识。

三、劳动育人家校协同教育与社会实践相结合

劳动属于实践范畴,是社会实践的一部分。社会实践对劳动教育的使命与价值承载有一定的现实基础,它不仅可以实施劳动教育,同时也具备实施劳动教育的条件。[①] 为此,无论是从理论还是实践方面来看,社会实践活动都能够达成劳动教育的效果。我国中小学校始终坚持"以人为本","只有促进自我教育的教育,才是真正的教育"[②]。然而,社会实践活动并不等同于劳动教育,要确保社会实践活动对劳动教育的使命与价值承载,必须建构合理的机制来确保社会实践活动和劳动教育的并行。社会实践活动中劳动教育效果的取得关键在于实践活动的目标导向、实践方式和活动评价等因素的作用,并和劳动教育紧密结合,才能完成劳动教育在社会实践活动中的渗透。因此,相应机制的建构,既包括设定劳动教育的实践目标,形成活动相应的实践导向,也要选择促进劳动价值体验的实践方式,让中小学生在活动参与中获得劳动感受,还要制定合理的劳动教育制度,保障劳动教育的顺利实施,并实行考核劳动教育成效的评价机制,形成社会实践活动开展劳动教育的内在牵引。在中小学校劳动育人家校协同教育

---

① 程莉. 学校社会实践中劳动教育的使命与价值承载 [J]. 教学与管理, 2021 (13): 1-4.
② 苏霍姆林斯基. 少年的教育和自我教育 [M]. 姜励群, 吴福生, 张渭城, 等译. 北京: 北京出版社, 1984: 100.

过程中，中小学生的积极参与有助于实现劳动教育的根本目的，激发中小学生的主体性，激发中小学生的劳动热情，培养中小学生的劳动意识，塑造中小学生的劳动观念。只有中小学生积极主动地参与到劳动教育过程中，接受并认同劳动教育的目标和要求，在劳动过程中能够独立做出判断和选择，自主调节行为，才能在实践中切实实现自身品德的完善，并在接受劳动育人的过程中实现中小学生在劳动上的自主性、能动性和创造性。通过组织中小学生暑假实践、社会实践等方式，为中小学生积极参与劳动育人提供空间、创设环境，创建中小学生乐于参与的劳动实践项目，使中小学生自主融入劳动育人体系之中参与劳动，能动地接受劳动教育。在保证中小学生在场的情况下，促进劳动育人家校协同教育与社会实践有机结合。

四、劳动育人家校协同教育评价体系初具雏形

教育评价是教育发展的指挥棒，是教育进入全面普及时期能否健康前行、科学发展的重要前提，既是思想也是方法，在新时代具有特殊意义。[①]劳动育人家校协同教育的独特性决定了进行劳动教育评价的必要性。2020年，中共中央、国务院发布的《关于全面加强新时代大中小学劳动教育的意见》中指出，"将劳动素养纳入中小学生综合素质评价体系，制定评价标准，建立激励机制，组织开展劳动技能和劳动成果展示、劳动竞赛等活动，全面客观记录课内外劳动过程和结果，加强实际劳动技能和价值体认情况的考核"[②]。因此，以当代中小学生劳动价值观树立为切入点，在厘清中小学生劳动价值观内涵及价值的基础上，从社会、中小学校、家庭和个人等四个参与主体进行多维劳动育人家校协同教育综合评价体系也已经基

---

① 吴潜涛，潘一坡，谢梦菲，等.坚持马克思主义中国化时代化创新理论铸魂育人的多维思考［J］.中国电化教育，2023（1）：92-117.
② 中共中央 国务院关于全面加强新时代大中小学劳动教育的意见［EB/OL］.中国政府网，2020-03-26.

本形成。例如，贵州省铜仁市教育局印发《关于加强中小学劳动教育的通知》，通知从开设劳动教育课程、保障劳动实践锻炼时间、实施劳动教育综合评价、开展劳动教育研究四个方面提出明确的工作任务，规定义务教育阶段三年级至九年级开设综合实践活动中的劳动与技术教育课，普通高中阶段严格执行通用技术课程标准，劳动教育课程每周不少于一课时，也可每月集中开展。该市教育局明确要求，中小学校要引导家长鼓励孩子主动承担家务劳动，安排中小学生适量的家庭劳动作业，把中小学生干不干家务活作为学生综合素质评价的必要因素。中小学生参加劳动次数、劳动态度、实际操作、劳动成果等方面都作为学生劳动评价内容。通过以劳动育人家校协同教育目标、内容要求为依据，将过程性评价和结果性评价结合起来，健全和完善劳动育人家校协同教育的评价标准、程序和方法，鼓励和支持各地利用大数据、云平台、物联网等现代信息技术手段开展劳动育人家校协同教育过程监测与纪实评价，发挥劳动育人家校协同教育综合评价体系的育人导向和反馈改进功能。

第二节 新时代中小学校劳动育人家校协同教育存在问题

新时代中小学校劳动育人家校协同教育受社会环境、中小学校、学生所在家庭以及中小学生自身影响，劳动育人家校协同教育仍存在一系列发展中的亟待解决的问题。只有正视问题、解决问题，才能发挥中小学校劳动育人家校协同教育中的协同促进作用，保障中小学生健康发展，为社会主义现代化强国建设筑牢人才基础。

一、劳动育人家校协同教育思想认识模糊

辩证唯物主义认识论认为，思想认识是客观事物在人们的大脑中引起

的思维活动的结果，是人们的一种心理活动。① 因此，思想认识是劳动育人家校协同教育的基础。长期以来，受以学校为中心、家庭只是辅助的劳动育人家校协同教育影响，家校双方对家校协同教育产生认知上的错误。而对于这样的合作模式的错误认知也是一直以来家校双方根深蒂固的观念，这也就导致中小学校教育的作用被夸大，而家庭教育资源以及家长的教育诉求被忽视，使得家长也放松了对家庭教育的要求，渐渐忽视了家庭教育的义务和职责，家庭教育基本上处于一种放任自流的情况，这样很不利于家庭教育资源的有效利用和劳动育人家校协同教育的真正和谐。正确的具有可持续性的劳动育人家校协同教育是家校合作的主导，家庭教育是家校合作的主体，中小学校和家庭是合作伙伴。现阶段中小学校普遍存在的以中小学校教育为主体，家庭教育为辅助的劳动育人家校协同教育模式具有固定性和落后性，因为这一协同模式的形成由来已久，受到传统的中国教育观念和思想的影响，具有固定性。同时因为这一协同模式已经不适合现阶段家校合作发展，反而带来了家校地位失衡、中小学校不信任家长等各种问题，具有落后性。审视当前对劳动育人家校协同教育思想的认识，可以看到由于对"劳动"概念存在种种误读，劳动教育被误读为技艺学习、休闲娱乐。例如，劳动教育被误读为技艺学习，最显而易见的表征就是各级各类学校开展的五花八门的"劳动技术教育成果展""劳动教育show""劳动教育报告厅"等。一些中小学校把素质教育等同于"吹拉弹唱""才艺比拼"，热衷于向来访者展示中小学生丰富多彩的劳动教育成果，呈现中小学生的手工艺作品，如金工、木工、篆刻、陶艺、剪纸、沙画、手工制作、航模等。如果单纯地把劳动教育误解为技艺教育，且在技艺学习过程中，中小学生对于劳动材料的节省使用、对于劳动付出辛劳的切身体会、对于劳动成果的分享以及对于劳动者的尊重等热爱劳动、尊重劳动、珍惜劳动的内容付诸阙如，那么劳动教育则背离初衷。其可能的结

---

① 商思争. 认识、思维、逻辑、科学：一种基于马克思主义认识论的科学观 [J]. 现代经济信息，2008（9）：203-207.

果就是：一些中小学生沉迷在精美的工艺品带来的各类荣誉，急功近利地竞相追逐劳动的成果以及劳动技术教育成果展等各类评比带来的荣誉称号，早已忘记劳动体验的成就感、幸福感、创造感以及对于劳动向往和热爱的初心；而另外一些中小学生在体验到劳动制作的艰辛之后，在一次又一次的失败过后，往往对劳动避而远之。这种异化为技艺评比的劳动教育，中小学生在其中不是肯定自己，而是否定自己，不是感到幸福与愉悦，而是感到不幸与挫败，使得中小学生不是感到自由自觉地创造性的发挥所带来的享受，而是感到无处不在的束缚与压迫。此外，目前单纯以考试成绩高低作为衡量办学质量和学生好坏的唯一标尺，依旧是压在学生头顶的一座大山。面对中小学生的学业高压，还有劳动教育被中小学校和家长误解"减负"的休闲娱乐，通常被安排在高压冲刺之后，让中小学生在身心俱疲的高压学习生活后"放松放松"，所谓的"劳动教育"就完全蜕变为一种纯粹的娱乐活动。中小学校组织学生参与的"乡村生活体验营""下乡营""农耕嘉年华"等各类游学活动，其实质是一种"劳动观光"，已经与有意义的"劳动教育"背道而驰。这类短暂时间安排的走马观花式的劳动体验营，以这种浮光掠影的劳动体验方式，很难真正触发中小学生内心深处的情感和细致的体悟。

二、劳动育人家校协同教育制度建设滞后

在社会发展体系中，劳动者起着主导社会生产力发展的作用，劳动者的受教育水平和将先进生产力应用于劳动的能力，直接决定着科学技术与生产力间的融合程度。长期以来，我国的劳动育人一直集中在中小学校。20世纪80年代起，中小学校便开始施行劳动育人试点工作，取得了一定的成效，实现了劳动育人教育机制的常态化、制度化发展，然而却对中小学校重视不够。中小学校劳动育人在很大程度上被边缘化、薄弱化，教育环境缺失，领导重视不足，缺乏顶层设计，而且在人才培养和整体课程体系建设中弱化劳动育人家校协同教育制度，缺乏完善的保障性制度。劳动育人家校协同教育制度的构建,需要中小学校和家庭的共同努力。中小学校在加强劳动教育、推行劳动育人战略的同时,需要加强与家庭间的相互合作,以及家庭教育和家长的配合。在家庭教育中赋予更多劳动教育内容,让中小学生在家也能够参与到家庭劳动中来,而不是在中小学校积极表现,勤劳肯干,回到家以后便"彻底解放",养尊处优。然而,在中小学校的人才培养方案的制定和课程的总体设计和规划中,缺乏实现劳动育人的制度性保障,更加缺乏和家长之间的交流渠道,中小学校和家庭之间在劳动育人层面,存在着严重的信息不对称问题。一方面,中小学校为了发展,以及巩固基础教育教学内容,劳动育人并未进入主流人才培养方案之内,大部分中小学校并未将劳动育人纳入人才培养计划之内,劳动仅是课程教育推行的一种手段,并未开设专业的劳动课程。劳动教育长期得不到重视,并游离于中小学校人才培养体系之外,课程教学中缺乏劳动育人元素。另一方面,有些中小学校具备了初步的劳动育人规划,并设置了相关劳动育人课程,有了劳动育人的教育思想,但是其教学内容、教学方法和教学手段都是碎片化、片段化的,并未形成规范的体系,并且大都停留在理论教学的表面化和形式化劳动上,缺乏来源于生产生活实践的实践性内容。另外,中小学校和家长在"劳动育人"环节上长期缺乏沟通、交流。信息的不对称限制着"劳动育人"功能的发挥,将中小学校和家长隔离于悬崖的两端,对中小学生接受的劳动育人以及教育的成果互不知情。

三、劳动育人家校协同教育政策落实乏力

劳动育人家校协同教育在指导思想和顶层建设还存在着政策引导不足等问题。随着知识经济的兴起,应试教育一直主导着我国各级各类学校教育的发展方向。然而,随着科学技术日新月异的发展和人们生活水平的不断提高,体现出了应试教育的一些负面影响。在以"科学技术是第一生产力"为主导的社会思潮下,劳动实践淡化,劳动育人家校协同教育政策缺乏明确的出发点和最终的归宿面,劳动教育日趋僵化、弱化和虚化。近年来，为了进一步推进劳动教育的贯彻执行，制定了诸如《关于全面深化课程改革落实立德树人根本任务的意见》《关于进一步加强中小学校实践育人工作的若干意见》等政策文件，但是在社会话语体系中歧视劳动、好逸恶劳、不尊重劳动者的声音和环境严重影响着中小学生身心的健康发展。此外，劳动育人家校协同教育各项保障条件的缺失，也使得劳动育人"家校协同体"的建设缺乏活力。在中小学校劳动育人体制内，无论是中小学校还是家庭，都未能提供有效的保障性条件。由于资金、设施以及劳动育人场所的缺乏，中小学校的劳动育人普遍存在着与社会实践相剥离的现象。人才培养方案所涵盖的劳动课程的理论性较强、实践性较差、实操性更差，有些劳动课程教学计划，甚至只能停留在理论教学体系之内，根本无法外化为实践。加之中小学校劳动育人家校协同教育改革目标模糊，缺乏强而有力的政策支撑，缺乏必要的资金、设施以及劳动育人场所。经济基础决定上层建筑，中小学校劳动育人物质保障的贫乏，严重限制了中小学生劳动教育的实现路径。在基础教育体制内，有些课程，即使可以外化为实践教学，其教学内容也相对简单，对复杂化社会生产创新，对提高劳动生产力发展水平意义不大。有些课程既有助于培养中小学生的劳动情怀，让中小学生真切地感受到劳动最光荣、劳动最美丽、劳动是价值实现的唯一源泉，使其学会珍惜劳动成果；但是由于中小学校缺乏必要的劳动教育经费和开展劳动教育的场所，而不得不改变教学内容，重作教学设计。例如，对某中小学生调查显示，中小学生在校学习期间接受劳动教育的理论课程和实践课程均非常有限。学生在基础教育阶段，以理论教育和综合实践课程教育为主，读书"有用论"占据着主体性地位，而对于职业技能专业性较低的劳动教育，物质保障缺乏的现象普遍存在。调查中，仅有12%的学生表示自己在中小学校曾经系统地接受过劳动教育，追问其主动参与的意愿，78%的学生表示他们是以理论课的形式参与的劳动教育相关课程，目的主要是基于中小学校人才培养方案的要求和限制，感觉参与劳动教育类课程在内容和形式上更具有活泼性，更加贴近生活；而在继续询问其参与的劳动教育课程内容时，20%的学生表示非常满意，30%的学生表示比较满意，40%的学生表示一般，10%的学生表示不满意。尽管《中共中央国务院关于全面加强新时代大中小学劳动教育的意见》和《大中小学劳动教育指导纲要（试行）》等文件陆续颁布，中小学教师为了适应教育教学改革要求，提高中小学生劳动教育方面的主渠道作用，增加了劳动教育课内实践教学这一全新的内容，但是由于缺乏保障条件，中小学教师在确定课内实践形式时，也不得向现实妥协仅停留于参加校内劳动、写一篇思想心得、探访敬老院或孤儿院、做一天文明倡导员、义务为某个社会公益服务性机构清洁卫生等，实践内容与社会生产生活严重剥离。

四、劳动育人家校协同教育实践形式单调

社会实践是一个非常广泛的概念。广义的社会实践是人类认识和改造世界的活动总和，即人类从事的各种活动。狭义的社会实践一般指学校组织的校外活动，包括各种环保类校外活动、科普类校外活动、服务类校外活动等。[1] 社会实践是中小学校劳动育人家校协同教育的重要课程，它有利于引导中小学生学会生活、学会学习、学会做人，是实现中小学生培养目标的重要途径，也是创新教育的重要方式。受各种因素影响，特别是在中小学生应试教育盛行的环境中，中小学生被禁锢在中小学校的铜墙铁壁中，埋头于写不完的作业里，甚少有课外活动陶冶身心、涵养德行。在这种背景下，走向田间地头、工厂车间和社区广场的所谓"劳动教育"深受欢迎，被视为最佳的减压活动。在各种大型考试后，中小学校以各种名目积极组织乡村研学、企业研学、社区研学等，中小学生在浮光掠影的劳动实践活动中，走马观花般完成各种活动，劳动体验如蜻蜓点水般掠过心头，"雁过无痕"。如此，劳动教育便失去了教育该有的厚重。也正因为如此，劳动教育被泛化为社会实践方式，甚至被误解为休闲活动，体现在

---

[1] 冯建军.改革开放四十年中国德育的转型发展[J].南京社会科学，2018（4）：143-150.

"春游""秋游"等活动中,呈现在各种陶艺和剪纸活动里。但是,以休闲和放松为目的的观光式的社会实践有劳动形式无教育意义,根本无法激发中小学生对劳动的感悟,更无法培育中小学生的劳动价值观。这些走形式的社会实践活动与劳动教育的初衷是背道而驰的。有学者指出,实际上,当前很多中小学校劳动育人家校协同教育都以思想政治教育的部分或课外学生活动来开展没有特定的劳动教育课程、没有专门的授课教师、没有明确的劳动教育体系等现象普遍存在。以社会实践、志愿者活动、勤工俭学充当劳动教育形式,这其实是劳动教育形式化的真实体现,也是劳动教育工作落实不到位的问题。[①] 尽管公益服务、寝室卫生、勤工俭学、"三下乡"等形式受到了中小学生的赞同和欢迎,且十分有开展的必要性,但必须明确,新时代劳动育人家校协同教育实践教学不只局限于此,而是要通过不断优化实践教学课程、拓展实践教学载体、丰富实践教学内容、完善实践教学体制机制,形成完善的劳动教育实践教学体系,充分发挥劳动教育实践教学育人的功能。与此同时,也有部分中小学校积极组织中小学生参加生产劳动,例如,到校办厂、校外工作以及农村、田间劳动。劳动教育在这一时期又被弱化为简单的生产技能培训,以往教育形式中不可或缺的以实现人全面发展为目标的独立存在的劳动教育在此等同于生产技能的培训。[②] 如果过分强调劳动教育中的"生产劳动"属性,这不仅容易误读"劳动"的性质,还会强化劳动与闲暇之间的疏离。对于中小学生而言,劳动是其通往自由和个体解放的途径。劳动教育如果弱化为"技能培训",则易陷入杜威在《民主主义与教育》中勾勒出的危机:"我们若以有一种教育系统训练人民使其能胜任有益的工作,另一种教育则专为使人享受其所有闲暇,其结果必产出社会的阶级区别。须知谓教育仅为给予人

[①] 赵翼. 基于课程思政的劳动教育:价值、问题与实现路径[J]. 教育观察,2021,10(23):54-58.
[②] 徐海娇,柳海民. 遮蔽与祛蔽:劳动的教育意蕴:基于马克思劳动概念的价值澄明[J]. 湖北社会科学,2017(6):13-18.

以工作技能之训练，实系一个错误观念；同时当并注重利用及享受闲暇方面，然后教育目的始完。"① 当下，劳动教育越来越坠入世俗化的巢穴，其直接目的就是赚钱或者谋生，弱化为技能培训，遮蔽了人自身价值的提升和自我完善的教育意蕴。应让广大中小学生在投身实践、亲身参与中认识国情、了解社会，在增长才干和磨砺意志中感受劳动所带来的收获和乐趣，进而形成尊重劳动、热爱劳动的真挚情感。

第三节　新时代中小学校劳动育人家校协同教育问题分析

新时代中小学校劳动育人家校协同教育的弱化、淡化及虚无化的现实畸变折射出劳动育人家校协同教育知识化、劳动教育途径屈居身下、劳动教育环境的去自然化及劳动教育规驯化的价值困境，背后的根源在于劳动育人家校协同教育价值理念引导不足、顶层制度设计不足、相关保障能力不足以及专业发展水平不足等深层原因。显然，问题的解决首先取决于问题根源的准确把握，只有把影响和制约中小学校劳动育人家校协同教育的问题找准找实，把问题出现的根源挖深厘清，才能制定出有效措施，精准解决问题，保证中小学校劳动育人家校协同教育取得实效。

一、劳动育人家校协同教育价值理念引导不足

马克思认为，劳动不仅是谋生的手段，更是通向客观世界与主观世界的媒介，也是实现人性至美至善、彻底自由的必由之路。② 劳动价值观念和劳动价值理念决定着中小学生对劳动的根本看法和情感态度，直接决定

---

① 杜威. 平民主义与教育 [M]. 常道直, 编译. 福州：福建教育出版社, 2016：174.
② 蒋桂芳, 李丽. 智能时代劳动教育的价值审视 [J]. 教育文化论坛, 2022, 14 (4)：40-47.

着劳动者的价值判断和价值选择。中小学校和学生缺乏对劳动以及劳动内涵的理性认知，缺乏合理有效的协同理论，对劳动育人家校协同教育价值引导不足，使中小学校和家庭将劳动教育边缘化。劳动价值观引导不足造成中小学校劳动育人家校协同教育价值的社会认同度低，中小学生、教师及家长的劳动热情不足，成为影响中小学校劳动育人家校协同教育的重要因素之一。劳动教育的目的在于引导中小学生树立科学的劳动价值观，养成良好的劳动习惯。劳动的内在育人性体现在中小学生在有意识地改造自然和社会关系中认清人与自然、人与社会的关系，进而实现自我认定；体现在劳动过程中，中小学生可以直接获得一定的劳动成果，形成"幸福是创造出来的，有劳才有果"的正确认识；体现在劳动过程中，中小学生不仅收获物质成果，而且可以收获愉悦的精神享受，促进身心健康发展。我国教育体制及家庭教育中长期存在的劳动教育缺位现象，导致我国中小学校对劳动认识不全面，缺乏深入系统的了解，对劳动价值、劳动过程、劳动成果缺乏深入认识。劳动价值观引导不足具体体现为：一是中小学生在校期间缺少相关劳动教育价值观的引导和培养，导致部分毕业生形成了一种"佛系"就业观，对待职业生涯发展规划不走心，对未来职业发展不关心，热衷于个人工作环境舒适度，这正是中小学校劳动教育引导缺失。[①]曾在很长一段时间里，劳动教育被视为惩罚的一种手段，中小学校和教师企图通过劳动进行思想改造和行为纠正，忽略了劳动教育的实际价值。二是中小学校、家庭在劳动教育价值观的引导上出现偏差。社会分层直接影响着社会流动，为了激励和鞭策中小学生们"争上游"，现实中不同程度存在部分家长和老师用矮化劳动、歧视普通劳动者的方式来进行教育，无形之中在中小学生心中埋下了"不尊重劳动、不敬畏普通劳动者"的种子。三是优秀劳动文化与劳模精神宣传的不充分。在2020年新冠疫情防控中，广大医护人员、公安干警、人民解放军、社区干部、公益志愿者挺

[①] 吴玉涛，冯雅静. 高校开展劳动教育的路径 [J]. 教育文化论坛，2021, 13 (2)：74-78.

119

身而出、舍生忘死，昼夜奔波在抗疫第一线。他们创造着一个个高光时刻，不仅是最值得敬佩的逆行者和坚守者，更是践行"劳动最光荣、劳动最崇高、劳动最伟大、劳动最美丽"的贡献者和担当者。由于对优秀劳动文化的宣传程度不够、劳模精神的宣传力度与范围较小，中小学校没有营造出"人人爱劳动"的良好校园文化氛围。显然，对待劳动的价值认同、价值选择和价值判断，是当代社会主义核心价值观的基础，是人类社会进步和发展的原动力。当前，由于中小学校和家长在劳动以及劳动本质的认知问题上和对劳动教育中中小学生成才价值、功能的发挥缺乏坚定的价值认同，在应该构建怎样的劳动育人家校协同教育体系，如何平衡好学习和劳动的关系，如何合理安排劳动教育内容等问题上认识模糊，存在着严重的积极性不高、内在动力不足等问题，存在着知与行不统一、缺乏健康的劳动习惯以及优秀的劳动品质等影响中小学生劳动价值观形成与发展的问题。可见，对劳动育人家校协同教育价值理念的认识问题上，无论是家庭教育还是中小学校教育均存在认知的偏差，无法实现知与行的和谐统一。只有理论的高大上，而缺乏实践中热爱劳动、崇尚劳动、勤奋劳动的优秀品质，可谓理论上的巨人，实践上的矮子。

二、劳动育人家校协同教育顶层制度设计不全

当前，劳动育人家校协同教育陷入"说起来重要，干起来次要，忙起来不要"的尴尬境地，这已经成为无可争辩的事实。劳动育人家校协同教育顶层制度的缺位，可以看作是导致劳动育人家校协同问题的根源之一。劳动育人家校协同教育顶层制度是落实劳动教育的具有操作性的有力抓手，当前劳动教育制度一方面缺乏整合机制，中小学校教育、家庭教育和社会教育存在割裂；另一方面，缺乏长效机制，缺乏常态化、长效化的劳动教育组织机制。当前，中小学校早已不再是"社会的孤岛"，社会转型变革的震荡和价值多元化的冲击早已穿透象牙塔的壁垒，打破了传统中小学校劳动育人家校协同教育相对自我封闭的状态，中小学校已经难以抵抗各种价值文化（主流的、非主流的）对中小学生的"辐射"作用。面对种种挑战，反思今天的中小学校劳动教育，缺乏"家校协同育人"的整合机制，劳动教育出现"分离化"——中小学校、家庭和社会各行其是，漠不关心。在家庭中，劳动教育常常"缺席"。中小学生家长望子成龙、望女成凤心切，认为只要学习好，其他方面的要求都可大大降低。加之独生子女制度，使得在"421家庭"（四个老人、一对夫妻、一个孩子）中成长起来的孩子成为独享爷爷奶奶、姥姥姥爷、爸爸妈妈呵护宠爱的"小皇帝""小公主"，家长们将其奉为掌上明珠，对其宠爱有加。特别是在劳动方面，更是衣来伸手饭来张口，即使在家有时间劳动，家长们也会怕孩子累、怕孩子苦，更愿意代办代劳，不浪费一分一秒用于学习以外的时间。2014年教育部出台《义务教育学校管理标准（试行）》，该管理标准明确规定学校要给学生布置家务劳动。[①] 然而，一些家长"瞒天过海"，代劳代办。有些家长甚至组成"帮帮团"到学校替孩子"做值日""大扫除"。一些家长认为孩子是学生，只要学习好就可以了，做值日、做家务劳动等事情会影响孩子的学习，许多家长都为孩子"三包"：一包送、二包接，三包做值日。社会上的一些不良风气冲淡了劳动光荣、劳动者伟大等优良社会传统；中小学校，家庭和社会缺乏"协同育人"整合机制，出现"单打独斗，各自为政"的局面，导致劳动教育"分散化""浅表化""狭窄化"，反而出现"1+1<2"的效应。此外，还存在劳动育人家校协同教育顶层制度设计不足，劳动教育缺少长效化的组织机制，往往停留在"表层化"。随着义务教育新课程改革设置综合实践活动，取消原有的中小学校劳动课、劳动技术课后，在实践层面，很多中小学校不再把劳动教育列入课程计划，开设专门的劳动教育课程。相应地，很多中小学校缺乏劳动教育配套的课程、专职教师、仪器设备、实践基地。由于担心中小学生在劳动实践中出现安全事故，加之缺少相应的制度建设、师资队伍保障、安全

[①] 教育部关于印发《义务教育学校管理标准（试行）》的通知 [EB/OL]. 中华人民共和国教育部，2014-08-06.

保障措施，以及系统周密的安排，一些中小学校往往不敢组织中小学生参加校内外的劳动实践、公益劳动和志愿服务等。中小学校劳动育人家校协同教育的安排常常弱化为某个阶段抓一两个重点项目（如全校大扫除、劳动技能大赛）等，这种临时性的、随意性的、运动式的劳动教育，由于缺乏长效的组织机制，窄化了劳动教育的活动形式和组织方式，一些劳动教育的开展不重实效而满足于做表面文章，甚至出现"跑偏、变味"的现象，中小学生劳动意识日渐淡薄，劳动能力不断退化，劳动教育流于表面形式而失去应有的深层活力。

三、劳动育人家校协同教育政策保障能力不强

随着中国社会逐渐步入消费社会，传统的劳动伦理被消解，取而代之的是无限扩张的消费文化。法兰克福学派代表人物赫伯特·马尔库塞（Herbert Marcuse）认为，在消费思潮的裹挟下，人与商品的关系本末倒置，商品的产生不再是为了满足个体的需要，个体反而在消费意识形态的诱拐下，钝化了自由自觉地消费和生产创造的能力，沦落为商品的奴隶。[①]在消费主义思潮冲击下，劳动出现了异化，劳动创造美好生活的意义被消解，劳动被异化为消费的手段，劳动的创造价值被淡化。在教育场域内，中小学校劳动育人家校协同教育在功利主义的席卷之下处于弱化地位，处于一种"可有可无"的尴尬地位。在此情况下，良好健全的中小学校劳动育人家校协同教育沟通机制就显得尤为重要。然而，从中小学校劳动育人家校协同教育现状来看，家庭与中小学校并没有建立起完善的沟通渠道，家长与中小学教师之间沟通方式与内容是单一的，家长与中小学教师缺乏主动沟通的意识。就家庭而言，一是部分家庭对自身教育责任的漠视，认为教育是中小学校的事情、是老师的事情，家长不明确家庭教育在孩子成长与学习过程中的作用，没有树立起家校合作意识；二是家长认为没有就

---

① 郑春生，李宏图. 论马尔库塞对消费社会的批判［J］. 求索，2008（3）：85-87.

劳动教育与老师进行沟通的必要。显然，家长更愿意就学习成绩问题和老师进行沟通，劳动教育甚至不及音体美教育，至少音体美优秀还可以获得一些奖项，对于成绩欠佳的中小学生而言有弥补作用，而对于成绩优秀的中小学生而言更是锦上添花，劳动教育则有分散中小学生精力的嫌疑。就中小学校而言，不少中小学教师虽然意识到劳动教育离不开家长的帮助，劳动教育要在家校社之间形成协同格局，但是仍然不太愿意就这一问题与家长过多沟通。一是由于当前家校沟通难的问题，即使是因为学习问题与家长进行沟通，仍然存在一些不乐意沟通、觉得老师故意"找碴"的家长，何况还是劳动教育；二是由于当前师资力量薄弱，一个劳动教育老师要负责一到两个年级劳动课的教学，根本无暇与各个家长一一进行沟通，而班主任由于本身任教学科压力，也较少在家长面前提出中小学生在接受劳动教育方面存在的问题。其次，缺乏完整系统的评价机制。2018年，习近平总书记在全国教育大会上指出，"坚决克服唯分数、唯升学、唯文凭、唯论文、唯帽子的顽瘴痼疾，从根本上解决教育评价指挥棒问题"[1]。由此可以发现，科学评价体系的构建是教育改革的推进器。构建一个科学的中小学校劳动育人家校协同教育评价体系不仅可以对劳动教育的内容进行指导和监控，也起着优化劳动教育形式的作用。劳动教育评价既没有纳入对中小学生的考核体系，也没有纳入学生升学的评价体系。主要是区域层面缺乏顶层设计和引领。目前教育部门在对中小学校劳动育人家校协同教育的落实情况进行监督时，存在学校做了什么就检查什么的问题，中小学校也没有具体的指标可以作为依据。其次对教育评价的功能重视不足。评价体系之所以从区域到中小学校迟迟未定，归根结底还是因为在意识上没有足够重视教育评价的功能。教育评价的功能包括诊断功能、导向功能、激励功能、调节功能、监督功能等。在家校协同开展劳动教育的过程中，诊断功能可以帮助我们判断协同共育是否达到了应有的目标，导向功能指引

---

[1] 坚决克服教育评价"五唯"顽瘴痼疾 [EB/OL]. 人民网，2018-09-27.

我们开展的方向，激励功能则可以提高家长、教师和中小学生参与的积极性，调节功能引导我们随时调整家校协同开展劳动教育的方式、内容、途径等，监督功能则可以确保家校协同开展劳动教育的质量，保证活动的良性循环。

四、劳动育人家校协同教育专业发展水平不高

劳动育人家校协同教育需要中小学教师和家长有效结合，形成家校合力。然而，当前中小学校和家庭在劳动育人家校协同教育体系的构建中，尚未做好规范有效的劳动育人家校协同。一方面表现为师资条件质量低下、课程资源开发乏力，另一方面为家长的认识水平不到位。师资建设是确保劳动育人家校协同教育质量的关键因素之一，当前劳动教育队伍建设尚存在诸多问题，在数量上，中小学劳动教育教师队伍数量不足，由于在职称评定、评优选先等方面与其他主科教师存在差别，专职劳动教师岗位缺乏吸引力，劳动教育缺少稳定的专职教师队伍，此外，也没有建立起一支专兼职结合的中小学劳动教育教师队伍，劳动教师队伍难以保障劳动教育的实施。在质量上，很多中小学劳动教育教师都是"老、弱、病"等情况，无论在年龄结构、学历层次还是专业对口等方面与其他主科教师队伍相比具有很大不足，同时，劳动教师缺乏专业培训，劳动教师多是其他科目教师兼职从事，专业性难以保障。此外，根据之前颁布的《义务教育课程设置实验方案》和《普通高中课程方案（实验）》，课程方案将国家规定的综合实践活动课程、通用技术课程作为实施劳动教育的重要渠道，明确要求义务教育阶段三到九年级切实开设综合实践活动中的劳动与技术教育课，普通高中阶段严格执行通用技术课程标准，但是目前劳动课程设置率低，即使开课，也常常被所谓的"主科"占用。另一方面，在隐性课程资源上课程资源开发单一，课程资源开发局限于国家层面，地方课程和校本课程开发不足，没有挖掘地方具有地域性、民族性和文化特性的劳动课程资源。缺少研学旅行、团队活动和社会实践等劳动实践活动和公益劳

动，缺少校外劳动教育实践基地，劳动课程资源单一且有限。与此同时，家长的文化水平也是影响劳动育人家校协同教育成效的重要因素之一。家长作为一个庞大而复杂的群体，由不同学历、不同职业的人组成，尽管当前家长的学历水平较以往已经有所提高，但相较于中小学教师群体严格的准入标准，仍然存在一定的差异性，而所属职业的不同，也决定了家长不会过多地关注与其专业本身无关的领域。通常情况下，家长的文化程度越高，教育的理念和方法越科学，自身的修养和能力也越高，孩子在家长的榜样影响下也会有更好的发展，这类家长也有主动与中小学教师沟通、共同促进孩子的成长的意识。对于家长而言，目前大多数家长仍认为教育是老师的事情、中小学校的事情，即使是在智育方面，存在这样想法的家长也不在少数。部分家庭对于教育责任不重视，甚至认为教育是中小学校单方面的责任，家长不明确家庭教育在孩子成长与学习过程中的作用，没有与中小学校合作的概念。在家庭这所学校里，家长就是孩子的老师，孩子在这里接受教育的启蒙，可以说，孩子各种素质的最初萌发在家庭开始，而其发展也离不开家庭教育的参与，尤其是对孩子的品德素养、个性生成起着至关重要的作用。家庭在劳动育人家校协同教育过程中起着基础性的作用，只有中小学校与家庭相互配合、相互协调，使各自的优势得到充分的发挥，才能发挥劳动教育的最佳作用。然而，部分家长存在着"作业就应该在学校完成""让家长配合的作业都是中小学教师懒造成的"这样的想法，可以说，许多家长目前都没有意识到家校协同在孩子的劳动教育甚至是教育方面的重要性，当前甚至存在着"教师认为家庭教育更重要，家长认为中小学校教育更重要"的错误认知。大多数中小学教师认为家长应承担更多的教育责任，家长则反之。其实，教育既与教师有关，家长也要尽相应的责任，只有家校相互配合，才能使得劳动教育质量得到进一步提升，中小学生得到进一步全面发展。长此以往，也会打击中小学教师开展劳动育人家校协同教育的积极性，家校关系也会因此变得紧张，阻碍了家校双方进行平等的交流与合作。

五、劳动育人家校协同教育学校重视程度不够

中小学校是劳动教育的主要阵地，学校通过开设劳动教育课程和具体的劳动实践，提升中小学生的劳动素养，培养劳动技能。劳动育人家校协同教育存在的问题主要是中小学校对劳动育人家校协同教育的认识缺位，重视程度不够，导致劳动教育的功能退化。在思想认识上，部分中小学校对劳动教育不重视，没有充分认识到劳动教育对中小学生价值观和行为习惯养成的重要作用，因此大多数中小学校并没有把劳动教育纳入人才培养体系中，更加缺乏科学的管理制度和保障制度，在顶层设计上，劳动教育处于隐形状态。在资源配置上，中小学校对劳动教育的相关投入甚微，学校缺乏师资力量，缺乏活动场所，甚至很多中小学校没有正式的劳动教育方面的教师，这也直接导致劳动教育在中小学校缺位，中小学生没有接受过系统、科学的劳动教育。在教育课程设置上，绝大多数中小学校都没有设置劳动教育课程，既没有理论课，也缺乏实践内容，仅有的劳动教育内容也是体现在思政课中或者体现在平时较少的实践活动中，这也使得中小学生对劳动的意义和价值没有清晰的认识，对劳动教育也没有直观的感受。在校园文化塑造上，许多中小学校的校风校训等校园文化都缺乏劳动教育的因子，因此劳动教育整体上在中小学校是处于隐退状态的。在体制机制上，中小学校劳动育人家校协同教育管理体系不完善，管理制度不健全。中小学校缺乏专门的管理部门来对劳动育人家校协同教育的实施情况进行系统的统筹与量化的考核。这些制度的不足引发了劳动教育缺乏强有力的保障，缺乏系统的组织管理和高效的宣传平台，劳动教育实施情况缺乏持续跟进等问题。在家校协同机制上，实施劳动教育需要成熟的劳动实践平台和基地为中小学生提供劳动锻炼机会。示范性综合实践基地的建设可以为中小学生提供更多志愿服务与调研机会，培养中小学生的创新精神和实践能力。街道、社区、乡村企业等可为中小学生提供劳动教育实践教学的岗位和场所，但是当前合作的劳动教育基地较少且合作管理机制不够成熟。同时，在实际运行中，有些社团活动名为劳动教育，实际上异化为"观光旅游""参观考察"等，社会实践的内涵与意义完全变味，虽有参与度，但劳动教育的实效性大打折扣。在劳动教育价值取向上，尽管当前中小学生具有较强的劳动意识，但由于受西方实用主义、拜金主义、享乐主义等不良思潮的影响，中小学生劳动价值取向趋于功利化，其劳动观念仍存在知行不一的倾向。例如，在面对劳动课程时习惯性地思考劳动教育"有用"或"无用"的问题。在多元思想文化的交流碰撞中，一些中小学生的劳动观念偏离了主流价值观，从而出现了劳动认同危机。例如，部分中小学生迷恋于吃喝玩乐的幸福观，奉行享乐主义，崇拜金钱，互相攀比，追求名牌，超前消费。在学习中，面对中小学校开设的劳动教育选修课与各类劳动文化活动，中小学生以"志愿者服务时间多少""服务酬劳多少""时间性价比""成绩高低""荣誉奖惩"等作为衡量是否参与课程与活动的标准。若是不能满足自身的预设，将大大降低参与活动的积极性，或者选择不参与。部分中小学生因为家庭教育的偏差或个人有限的社会实践认知，对"劳心者治人，劳力者治于人""万般皆下品，唯有读书高"等消极劳动文化尚不能正确辨识。个人职业兴趣、人生理想和职业发展前景、所学专业与所选岗位的匹配度等因素不被重视。部分中小学生对职业有"高低贵贱"之分，为了"工资丰厚""体面"的工作，在就业时较少选择去基层工作，存在对自我认知不清、眼高手低的问题。劳动教育在新时代赋予了新的时代内涵和时代价值，中小学校要突出人才培养的历史使命，教育引导中小学生深刻认识通过自己的双手创造生活、改变生活，进而获得物质收获、精神满足和社会价值的理念，树立正确的劳动价值观。

六、劳动育人家校协同教育家庭参与力度不大

　　劳动育人家校协同教育需要中小学校和家庭共同参与，任何主体的缺位或能动不足都会影响教育效果。习近平总书记指出，千家万户都好，国

家才能好，民族才能好。他还强调，"家庭是人生的第一个课堂，父母是孩子的第一任老师；有什么样的家教，就有什么样的人；家风是社会风气的重要组成部分"①。英国著名的思想家、教育家约翰·洛克也认为"家庭教育决定孩子一生的命运"②。因此，每个个体的身上都抹不去家庭影响的痕迹，原生家庭对中小学生成长具有重要影响作用也得到了当前社会的普遍认可。然而，就中小学校劳动育人家校协同教育而言，一方面，中小学生家庭往往缺乏对"五位一体"全面发展教育体系的顶层设计的了解和支持。人才培养是一个全面且系统的工程，在这个工程中德、智、体、美、劳是一个相互补充、相互促进、共同发展的系统，也是一个融会贯通的过程。新时代社会发展需要的五位一体建设者和接班人，应该具有多方面的综合性素质。另一方面，改革开放至今，我国社会经济取得了举世瞩目的成就，与此同时很多家长的劳动观念也发生了较大变化。尤为明显的是很多家长都把劳动与学习对立起来，他们不会让孩子做任何家务，认为孩子只要把文化知识学好就行，将来上个好大学、找个好工作就人生圆满了，家务活不用孩子插手。另外，受升学指挥棒的影响，一些家长仅专注孩子学习成绩，忽略了孩子劳动价值观的培养，不注重引导孩子正确认识劳动与参加劳动。还有家长忽视规律性探索，缺乏科学的家庭劳动教育方法。家长作为家庭劳动教育的主导者，目前来看其教育经验不足，无论是在教育理念还是教育方法上，都存在较大的问题，其中最为突出的表现有：一是缺乏耐心。大部分孩子由于没有从小养成良好的劳动意识，因此对劳动者会存在抵触心理，而很多家长又缺乏跟孩子沟通的技巧，更多的时候靠"吼"来管教，很难达到想要的效果。二是将劳动作为惩罚方式。很多家长将劳动等同于体力劳动，进而等同于惩罚，长此以往使孩子对劳动产生了畏惧的心理，导致孩子劳动的积极性严重受挫。法国著名教育家卢梭曾高度评价劳动训练，他说："在人的生活中最主要的是劳动训练，

---

① 习近平谈家风建设 [EB/OL]．人民网，2020-07-22.
② 洛克．约翰·洛克的家庭教育 [M]．福州：海峡文艺出版社，2005：54.

没有劳动就没有正常人的生活。"① 但是很多家长对于劳动训练方法和方式存在知识盲区，在孩子劳动训练实践过程中，不知道如何给孩子安排合适的劳动类型，只是片面地安排孩子做一些常规家务活动，如扫地、刷碗等。并且在劳动训练和学习或者上培训班时，家长又会忽略劳动训练，导致劳动训练无法保持持久性。最后，部分家长忽视劳动成果评价，挫伤中小学生劳动积极性。在家庭教育中，家长的肯定和鼓励对孩子良好习惯的养成具有积极促进作用。而在日常生活中，家长往往将孩子的一些劳动行为认定为"凑热闹"，将一些"不成功"的劳动行为视为"帮倒忙"，上述做法会使孩子产生不自信的认知，进而产生"自我怀疑"倾向。当孩子在完成一项任务之后，往往换来的不是肯定和鼓励，而是家长的否定，甚至斥责。家长这样对孩子劳动成果的错误评价，会打击孩子的自觉劳动的意识。综上所述，中小学生在劳动习惯、劳动意识方面的偏差，表现出的高分低能、生活自理能力差、自我管理能力弱、意志不坚强等现象，一定程度上是家庭参与程度不足所致。

---

① 张丽，阮成武. 培养社会新人：卢梭劳动教育思想意旨及价值澄明 [J]. 教育史研究，2021，3（2）：176-187，151.

第五章

新时代中小学校劳动育人家校协同教育模式构建

家庭教育和学校教育是有机的教育整体,二者相辅相成,不可分割。[①]家庭教育是漫长、有个性的教育,中小学校教育是规范、系统的教育,只有二者密切配合,共同为中小学生创造良好的教育环境,才能为中小学生的人生幸福打下坚实基础。马克思认为,"人的本质不是单个人所固有的抽象物。在其现实性上,它是一切社会关系的总和"[②]。人的本质并不是脱离社会关系、家庭条件、教育条件的抽象物,而是在一定的社会关系中实践活动的产物。2022年1月,《中华人民共和国家庭教育促进法》开始实施,进一步强调了开展劳动教育是家庭职责之一,同时明确了中小学校、国家、社会各自的责任。为此,新时代中小学校劳动育人家校协同教育关键在"协同",宗旨在"教育",充分发挥家庭、中小学校的作用,既要合作,又要厘清边界,形成教育合力,产生"1+1>2"的教育效应,共同把中小学生培育好,促进中小学生实现德智体美劳全面发展。

[①] 邵晓枫,郑少飞. 新形势下的家校社协同育人:特点、价值与机制[J]. 现代远程教育研究,2022,34(5):82-90.
[②] 中共中央马克思恩格斯列宁斯大林著作编译局. 马克思恩格斯文集:第1卷[M]. 北京:人民出版社,1982:139.

第一节 塑造劳动育人家校协同教育价值理念

家庭是立德树人的重要阵地,也是劳动教育的重要场所,劳动教育目标的达成是家庭教育、中小学校教育共同作用的结果。随着我国进入社会主义新时代,家校社协同育人受到前所未有的重视。2018年9月,习近平总书记在全国教育大会上明确指出:"办好教育事业,家庭、中小学校、政府、社会都有责任。"[①] 塑造劳动育人家校协同教育价值理念能够有效地提高劳动教育的质量与效果,扩大劳动教育规模,从而为全民教育和终身教育服务。为此,需要从促进劳动育人家校协同价值认同、加强劳动育人家校协同阵地管理、明确劳动育人家校协同家庭责任以及达成劳动育人家校协同教育共识等方面形成中小学校劳动育人家校协同教育价值理念。

一、促进劳动育人家校协同价值认同

党的十八大以来,中国特色社会主义进入新时代。新时代之"新",主要是新的时代背景、新的使命、新的挑战和要求。新时代中小学校劳动育人家校协同教育指的是在新时代环境中,家庭与中小学校不断塑造劳动精神、弘扬劳动文化、培养劳动习惯,帮助中小学生养成劳动技能,实现人的全面发展,为国家培养大批杰出的人才,为社会主义现代化建设、为实现中华民族伟大复兴贡献力量。新时代中小学校劳动育人家校协同教育需要中小学校、家庭的共同重视和努力,需要全社会形成普遍尊重劳动的文化氛围,实现劳动认知与劳动价值的回归,一体化构建内容完善、标准健全、运行科学、保障有力、成效显著的劳动育人教育体系,形成全员全过程全方位育人格局。我国基础教育的最终目标是培育全面发展的社会主

[①] 习近平:坚持中国特色社会主义教育发展道路 培养德智体美劳全面发展的社会主义建设者和接班人 [EB/OL]. 人民网, 2018-09-10.

义建设者和接班人，促进中小学生的不断进步，是中小学校和家长共同的价值追求和理想信念。

在中小学生成长问题上，中小学校和家长应一直坚定地站在统一战线上，具有共同的理念。二者相互支撑、相互补充、缺一不可，任何一方功能的失效，都会限制另一方功能的发挥，导致整体功能的失效，影响劳动育人效果。因此，在劳动育人家校协同教育体系内，中小学校和家庭首先应在理念上确立牢固的劳动育人共同体，形成共同的、坚不可摧的劳动育人理念，并将这一共同的理念坚决地贯彻到中小学生学习、生活、交往、日常行为规范的方方面面。劳动教育的目的在谋手脑相长，以提升自立之能力，获得事物之真相，以及了解劳动之甘苦。如何培养人，是教育的基本问题，也是中小学校和家长最关心的问题。中小学校和家庭在教育问题上，具有目标的一致性、思想的统一性和行动的协同性。新时代中小学校劳动育人"家校协同体"的构建，需要中小学校和家庭塑造理念共同体，在劳动价值层面、劳动功能层面、劳动意义层面等加强思想引导和思想宣传，弘扬劳动精神。要主动在坚定理想信念上下功夫，共同引导中小学生养成热爱劳动的价值理念，增强中小学生对劳动的价值认同，教育并引导中小学生学会尊重劳动、崇尚劳动，使中小学生在情感上热爱劳动，懂得劳动是最美的、幸福的生活都是由劳动创造出来的道理。

首先，要确立劳动创造幸福的价值理念。劳动育人是新时代党对教育的新要求，是中国特色社会主义教育制度的重要内容，是塑造中小学校劳动育人共同体的前提。[1] 加强劳动育人，事关新时代亿万中小学生的全面发展和健康成长，事关国民综合素质的提升，事关党和国家事业的兴旺发达。新时代，中小学校和家庭应培育劳动育人价值理念，强化劳动创造幸福价值观的培育，践行社会主义核心价值观，传承并弘扬中华民族热爱劳动的优良传统。其次，确立劳动最美的价值观念。中小学校通过引导中小

---

[1] 王晓燕，杨颖东，孟梦. 全面加强新时代大中小学劳动教育：习近平总书记关于教育的重要论述学习研究之十三［J］. 教育研究，2023，44（1）：4-15.

学生确立劳动最美的价值理念。中小学生价值观的培养，来自中小学校和家庭的引导，在中小学校劳动育人"家校协同体"建设中，中小学校和家庭特别是家长，应注重中小学生劳动价值观的培养。再次，确立劳动育人共识。劳动育人有助于提升中小学生的知识能力和道德情感。正如习近平总书记2019年在纪念"五四运动"100周年的讲话中所提到，空谈误国，实干兴邦。要在奋斗中摸爬滚打，体会人世间的冷暖、人民忧乐、现实矛盾，从中领悟到人生的真谛、生命价值，明晰事业的方向。中小学校和家庭在劳动育人家校协同教育问题上应该主动达成共识，创建劳动育人共同体。在中小学生培养以及成长成才问题上，中小学校和家庭的最终目标是一致的，对中小学生的期望是一致的，对中小学生的关心是一致的，中小学校和家庭的关系属于"命运的共同体"。在劳动观念、劳动素养、劳动价值、劳动精神以及劳动知行合一等各方面达成共同的价值理念，协同一致，共同完善新时代中小学校劳动育人家校协同教育的施行。

二、加强劳动育人家校协同阵地管理

学校是中小学校劳动育人家校协同教育的主要场域，其应在劳动教育实施过程中发挥主导作用，切实承担起主体责任，完善中小学校内部的劳动教育场地装备资源。中小学校劳动育人家校协同教育主要是实践性教育活动，其实施需要依赖良好的硬件基础设施。因此，中小学校应加强劳动教育设施标准化建设，积极规范劳动教育开展所需要的场地、装备、器材等。科技馆、生物园、体验式食堂等是中小学校常设的劳动教育场地资源。例如，在贵州省修文县实验小学，学生们很喜欢在"稼园"参加各种劳动。"稼园"是修文县实验小学在2020年5月打造的种植实验基地，中小学校根据时令组织学生在此进行耕种或收割，让学生动手实践，接受锻炼，充分体验劳动的乐趣，感受收获的喜悦，在实践中养成劳动习惯，在劳动中快乐成长。① 然而，要发挥中小学校劳动育人家校协同阵地功能，就必须优化中小学校劳动教育资源。中小学校有着集中的教师资源、规范的教育体系、良好的教育生态，可以为顺利开展劳动教育提供有利的育人环境，对中小学校劳动育人家校协同教育的提质增效起到了重要的推动作用。中小学校在开展劳动教育时有着独特的优势，中小学校本身已有成熟的课程体系、中小学教师队伍以及良好纯粹的校园氛围，这些因素都有利于对广大中小学生群体开展新时代劳动教育，共同影响了劳动教育的发展链条。

在中小学校开展劳动育人家校协同教育时，首先要针对劳动教育的开展落实制定科学的课程体系，充分发挥中小学教师的教书育人功能，劳动教育课程是向中小学生传授劳动知识，提升劳动能力，树立正确价值观念的重要形式，也是落实劳动教育的重要载体。通过在中小学校开展劳动教育，让中小学生们集中学习关于劳动的相关理论知识，使之认识到劳动教育对于新时代祖国发展建设的现代化征程中产生的重要作用，进而形成具有红色意蕴的劳动观，为习近平新时代中国特色社会主义现代化建设注入鲜活的动能，为实现中华民族伟大复兴贡献自己的青春与智慧。特别是对中小学校开展劳动教育要从坚持普及化教育形式，从生动鲜活的劳动故事与劳模事迹去感染中小学生，通过开展集体劳动，让中小学生感受到劳动所带给人的价值感的感悟和幸福感的提升。劳动教育需要设置一些具有针对性以及能够吸引中小学生接受教育的课程形式。因此，对于劳动教育课程改革势在必行，让中小学教师与学生走出课堂，走出书斋式的学习，在现实的实践活动中去体悟，去提升，去创造，以中小学生所喜闻乐见的授课形式去开展劳动教育，结合中小学校自身的办学特色。其次，中小学教师是中小学校劳动育人家校协同教育的重要宣讲者，劳动在中小学生学习过程中产生了非常重要的作用，对中小学生的影响也是潜移默化的，因此

---

① 贵州：劳动教育拓展校园生活新空间［EB/OL］. 天眼新闻，2022-04-05.

加强中小学校师资队伍的建设也是刻不容缓的，中小学教师作为教育过程的显性因素，起到了重要的传道、授业、解惑的劳动教育功能。中小学校还要加强教师关于劳动相关专业的素质培训，加快建设一批具有专业素质过硬，讲课方式新颖的中小学劳动教育教师，并积极开展劳动教育的研讨组会，鼓励青年教师参与讲课大赛来提升授课本领，在学习中丰富劳动教学内容，帮助中小学教师进行多样的授课方式。此外，在提升中小学教师专业授课技能的同时，也要注重中小学教师自身与劳动关系，中小学教师要以身作则，知行合一，无论在学习中还是在日常生活中都要给中小学生树立良好的榜样，在自身以及对中小学生价值观的塑造上发力，以知促行，以行促知，做好中小学生劳动品格的引路人。

三、明确劳动育人家校协同家庭责任

家庭不仅是人们生长和生活的场所，也是原初的"学校"。苏霍姆林斯基曾经指出："家庭是人们多方面关系的基本单元。中小学生的'和谐全面发展'和'健康成长'与家庭教育直接相关。"① 家庭教育环境中父母所展现出来的特点对教育观念的培养有着十分重要且无可替代的作用。而家长作为学生的启蒙导师，又有着营造良好家庭环境以让中小学生树立正确的劳动价值观的义务和责任。不论何种教育，家长都应该发挥自身的榜样作用来帮助孩子塑造人格和建设自己的人生。从心理学的角度来看，人类行为的发展在某种程度上是模仿，这是中小学生学习的最基本方式之一，而父母和孩子之间的关系则可以理解成为彼此映衬的镜像两面。孩子会下意识地模仿父母的行为举止，从而形成与父母相似的人格。正如马卡连柯所强调的，"家庭是社会的一个天然的基层细胞，人类美好生活在这里实现，人类胜利的力量在这里滋长，中小学生在这里生活着，成长着"②。然而，在应试教育的背景下，一些家庭深受"学习好"的传统观

---

① 苏霍姆林斯基. 苏霍姆林斯基选集：第二卷 [M]. 北京：教育科学出版社，2001：325.
② 马卡连柯. 马卡连柯全集：第四卷 [M]. 北京：人民教育出版社，1957：30.

念的影响，而一些父母只关注中小学生的学习成绩，因此他们注重教育而忽视了劳动教育。他们单方面认为体力劳动不如他人，而脑力劳动要优于他人。为此，首先，家长要注重建设良好家风。家风是家庭成员道德水平的体现，更是一个家族的风尚。在塑造一个家族的家风时要着重继承传统美好家风，传承中华家训经验，从经验中获取精神力量。家训中的勤俭节约观念，贯穿古今，生生不息，"勤"代表着勤奋，在中国古代历史的长河中，祖祖辈辈用他们勤劳的双手和聪明的头脑书写了举世瞩目的农耕文化，从那一刻起，勤劳就成了衡量一个人是一个有德行之人的重要指标。"俭"就是俭朴。良好的家风能提高中小学生的精神道德修养，让勤俭节约贯穿在家庭生活之中，在不知不觉间影响学生、教育学生。其次，家长要注重发挥榜样作用。父母在日常生活中的亲情感化与榜样引领，都对中小学生的劳动意识培育有着举足轻重的作用。因此，家长应通过身体力行地做一些家务为中小学生树立榜样，向中小学生传输热爱劳动、尊重劳动、热爱工作岗位的价值观念，向中小学生传达平等对待体力劳动和脑力劳动的理念，以实际行动来释放思想政治教育功能。作为父母要勤于思考如何利用自己家长这一身份特性，在日常生活中发挥好榜样作用，做中小学生的表率，与子女共同参与劳动实践活动，在遇到困难时及时正向引导，从而让中小学生将"劳动最光荣，劳动最美丽"意识厚植于内心深处，让其在向家长学习时能深刻体会到劳动的美丽与劳动能为个人、为家庭所带来的幸福快乐。再次，家长要注重开展教育引导。随着当今积极正能量的价值取向逐渐取代传统糟粕带来的固化思维，各种正向观念也正在逐渐成为普遍的价值追求。家庭教育的持续性和多重叠加彰显出了其在立德树人方面得天独厚的优势。家长也应利用好这种能直接植入正向价值追求的环境优势，进而让正确的观念影响中小学生终身，让中小学生真正能够投身社会劳动中，增加独立能力。引导他们开展辛勤、诚实而富有创造性的劳动，这对今后人生和社会都大有裨益。此外，在家庭劳动教育中，家庭成员的劳动故事和经历、劳动技能和技艺、劳动态度和习惯、劳动价值观等都是进行家庭劳动教育的宝贵资源。中小学校应积极挖掘此类劳动教育资源，与家长一起对孩子进行劳动教育。

四、达成劳动育人家校协同教育共识

2020年3月，中共中央、国务院印发《关于全面加强新时代大中小学劳动教育的意见》，该意见让劳动教育有了根本遵循。2022年1月，《中华人民共和国家庭教育促进法》开始实施，该法案进一步强调了开展劳动教育是家庭职责之一，同时明确了中小学校、国家、社会的各自责任。为强化劳动育人实效，充分发挥劳动育人功能，中小学校和家庭需要达成劳动育人家校协同教育共识。首先，需要明确"家校社"协同是劳动教育观的应有之义。人的本质并不是脱离社会关系、家庭条件、教育条件的抽象物，而是在一定的社会关系中实践活动的产物。如同马克思所认为的，"人的本质不是单个人所固有的抽象物。在其现实性上，它是一切社会关系的总和"[①]。生产劳动同智育和体育相结合，它不仅是提高社会生产的一种方法，而且是造就全面发展的人的唯一方法。劳动形成人的本质，也是发生在人身上的教育，多维重构了个人与中小学校、家庭的关系，体现了劳动教育的思想性、社会性和实践性。其中，思想性也是教育性，是劳动教育的综合育人价值。社会性是劳动教育的应有之义，渗透在劳动教育目标及实践路径的各个环节。实践性则更加体现劳动教育的本质要求，即通过动脑动手、出力出汗、磨炼意志，促进社会与个人发展。在家庭、中小学校配合下，新时代劳动教育观与家庭教育观、立德树人的任务观、社会主义核心价值观等具有内在一致性。

其次，"家校社"协同是加强劳动教育的现实要求。加强劳动教育是家庭、中小学校和社会的共同责任。正如《关于全面加强新时代大中小学劳动教育的意见》中强调的"加强政府统筹，拓宽劳动教育途径，整合家

[①] 应如何理解马克思说的"……人的本质并不是单个人所固有的抽象物。在其现实性上，它是一切社会关系的总和？"[J]. 中共山西省委党校学报，1981（Z1）：152-154.

庭、中小学校、社会各方面力量"，"家校"协同推动劳动教育，明确了劳动教育的主体，但是家庭、中小学校作为独立的系统，只有在思想上达成共识、内容上实现共振、行动上保持共进，才能构建劳动教育协同机制。家庭劳动教育内容以衣食住行、洗衣做饭等日常劳动为主，重点根据孩子的年龄特点逐步增加难度，每年有针对性地学会1~2项生活技能。中小学校劳动育人家校协同教育内容以实训、自主创业等生产劳动为主，重点完善从小学、中学到大学层层推进的课程体系，根据教育教学规律逐步拓展知识、提升技能。社会劳动教育内容以志愿服务、社会实践等服务性劳动为主，重点根据区域社会实际丰富教育资源、搭建实践平台。"家校社"协同推动劳动教育，主要是指家庭、中小学校、社会相互协调、合作或同步，借助大数据技术、云计算和人工智能等实现线下线上结合，推进劳动教育产生"1+1>2"的协同效应。

再次，"家校"协同是落实劳动教育的有效途径。家庭是第一学校、家长是第一任老师。家长通过言传身教，鼓励孩子自觉参加力所能及的劳动，帮助孩子树立正确的劳动观念，让孩子在潜移默化中培养吃苦耐劳的优秀品格、热爱劳动的良好习惯，掌握洗衣做饭等必要的生活技能，具备较强的生活自理能力，劳动教育才会真正由理念变为现实，从空中楼阁到落地生根、开花结果。[①] 以中小学校为主导，通过"课程化"提升劳动教育品质。劳动教育是中小学校立德树人根本任务的重要组成部分，人人都有劳动教育职责，各门课程都有劳动教育功能，需要形成全员、全过程、全方位加强劳动教育的格局。新时代劳动教育是中小学生在"家校"协同育人视域下，通过家务劳动、中小学校课程等关键环节，培养今后必备的劳动意识、技能、精神和习惯，实现德智体美劳全面发展的一种教育形态。通过以家庭为基础、中小学校为主阵地，形成中小学校劳动育人家校协同教育的合力，共同引导中小学生学会创造、学会合作、学会生活，才

---

① "家校社"协同让劳动教育落到实处[EB/OL]. 人民网，2022-06-14.

能实现劳动教育效果的最大化，共同培育出更多堪当民族复兴重任的时代新人。

第二节 构建劳动育人"家校协同教育体"系统工程

新时代中小学校劳动育人家校协同教育事关党和国家事业后继有人、薪火相传，事关中小学生全面发展，是一项基础性、长期性、复杂性、战略性的系统工程，必然要着眼全局、胸怀大局来看待。中小学生劳动教育作为中小学校教育的一个重要组成部分，亦是独立的教育体系，都是需要完善的。构建劳动育人"家校协同教育体"系统工程，必然要坚持问题导向和目标导向，强化劳动育人家校协同顶层设计、完善劳动育人家校协同课程体系、发挥劳动育人家校协同家庭效能以及制定劳动育人家校协同评价体系，力求建设可借鉴、可推广、可复制、可持续的新时代中小学校劳动育人家校协同教育模式。

一、强化劳动育人家校协同教育顶层设计

随着社会快速发展和进步，中小学校不再是只有讲台、教室、校园的传统样貌，而是日益走向开放。教育发展需要多方力量的配合，家庭、中小学校、社会都有责任。作为"德智体美劳"五育并举育人体系的重要一环，劳动教育是一项复杂的系统性工程，需要调动家庭、企业、社区以及社会等多方力量，不断整合劳动教育资源，进行劳动育人家校协同顶层设计，以切实提高中小学校劳动育人家校协同教育实施的实效性。

在中小学校劳动育人家校协同教育的横向管理维度上，中小学校劳动育人家校协同教育不仅是长期的事，还是利于千秋万代的根基事业。首先，要想强化劳动育人家校协同顶层设计，必须完善中小学校劳动育人家

校协同教育的组织领导制度机制。新时代中小学生劳动教育培养什么人、为谁培养人，是中小学生劳动教育的方向性、根本性问题。中小学校贯彻立德树人根本任务，坚持社会主义办学方向，践行"四个服务"，始终以办好人民满意的教育为奋斗目标。无论是中小学校的本质属性，还是中小学校教育者的使命担当，这一切的根本保证都是坚持党的全面领导。要想构建新时代中小学生劳动教育的长效机制，首先就是坚持党的领导毫不动摇。其次，要想强化劳动育人家校协同顶层设计，必须深化中小学校劳动育人家校协同教育日常管理考核体系。举网以纲，千目皆张。中小学校是劳动教育的实施主体，教育者是中小学校的主体，要想构建新时代中小学校劳动育人家校协同教育的长效机制，必须抓紧抓实劳动教育主体，调动劳动者积极性，增强劳动教育实效性，深化劳动教育日常管理考核制度体系建设。通过明确中小学校劳动育人家校协同教育管理职责，抓住中小学校劳动育人家校协同教育的主要承担者。要落实好校长负责制，开好主题会议、选好人员配置、用好负责人员，成立中小学校劳动育人家校协同教育领导小组，建立党委统一领导、负责领导主抓、各部门协调配合、各教育者发挥作用的管理模式，同时要把中小学生劳动教育的管理模式融入日常工作和教学治学各个环节。再次，要想强化劳动育人家校协同顶层设计，必须健全中小学校劳动育人家校协同教育的评价督导激励制度。依托马克思主义劳动观，将劳动分为生产劳动和非生产劳动，相应地，也将教育分为生产劳动教育和非生产劳动教育。针对不同形式的劳动教育，自然要有科学化、多元化的劳动素养评价体系、督导机制和激励制度来适应。通过建立劳动素养评价体系，既要明确劳动教育目标、内容、方式方法、评价标准，又要注重评价过程和结果的统一，将平时表现评价、学段综合评价和劳动素养监测有机统一起来，将自评、他评和群体性评价结合起来，将定量考核和定性评价结合起来，将传统手段和现代技术结合起来评测，全面客观记录监测中小学生劳动实际情况和具体成果，将劳动信息公开公示，完善审核制度，确保记录有依据更有说服力，从而将劳动素养纳入中小学生综合评价机制之中。

在中小学校劳动育人家校协同教育的纵向管理维度上，我国中小学校教育分为学前教育、初等教育、中等教育、高等教育四个阶段。当前，各个学段的劳动教育管理是相互独立的，甚至是断裂的，缺乏有机衔接。大中小学融通的劳动教育，就是强调小学、中学、大学要通过共享劳动教育资源，互鉴互补，保持劳动教育的连续性，从而构建目标有机衔接、内容有机联系、形态有序调整的中小学校劳动育人家校协同教育体系。一方面，要明确各个阶段劳动教育实施的目标和内容。一般而言，小学劳动教育重在塑造劳动习惯，发展生活自理能力，强调引导中小学生爱护个人卫生，处理个人基本的生活问题，分担一些简单的家务，适当参加社会公益劳动，等等。中学劳动教育重在强化劳动能力，培养自立品质，强调引导中小学生学习基本的劳动知识和技能，适当参加生产劳动，参与社区服务等。另一方面，要进行大中小学劳动教育一体化课程设计。针对不同阶段的劳动教育目标和内容，系统化设计劳动教育课程，使大中小学劳动教育课程有序贯穿起来，这是构建大中小学劳动教育一体化模式的重要举措。

二、完善劳动育人家校协同教育课程体系

中小学校是新时代中小学生劳动育人家校协同教育主阵地、主渠道和主战场，课程是中小学校实施劳动教育的关键载体和主要依托，是中小学生接受知识、接受思想、接收真理的重要途径。2020年3月，中共中央国务院颁布了《关于全面加强新时代大中小学劳动教育的意见》，该意见对新时代劳动教育课程做出了顶层设计和总体部署，它表明了一定国家或地区意在培养怎样的人、建构怎样的社会、传递怎样的知识。大中小学劳动教育课程标准主要是根据我国现阶段的基本国情及未来长期发展规划进行精准分析，从课程定位、课程理念、课程设计思路、课程目标、具体课程设置、课程内容与要求、课程实施与评估等多个方面对劳动教育课程做出宏观规定，力求使劳动教育有章可循。推进中小学校建设劳动教育的系统工程，必然要坚持马克思主义劳动观，深入贯彻落实习近平总书记关于劳动教育的重要论述，优化中小学校课程安排，以中小学生发展需求为目标和导向，针对中小学校实际和办学特色，形成综合性、实践性和系统性的课程设施方案，坚持系统独立设置和有机融入相统一，构建完善完备完整的"三位一体"劳动教育课程体系，具体如图5-1所示。

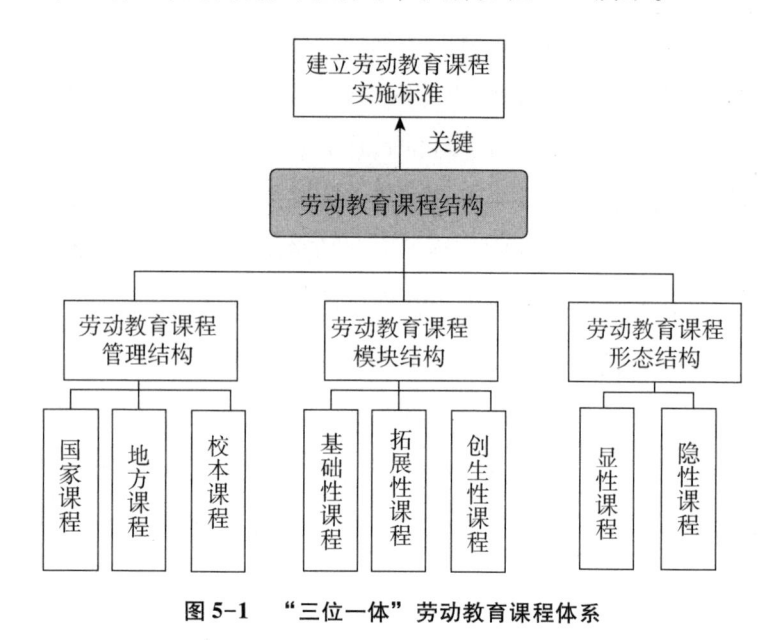

图 5-1　"三位一体"劳动教育课程体系

我们要依据基本国情和教育规律，对劳动教育课程结构做出宏观规定，力求劳动育人家校协同教育有章可循。在纵向上，促进国家课程、地方课程和校本课程在管理层级上的相互协调，形成由基础性课程、拓展性课程和创生性课程构建的有机整体，以及由显性课程和隐性课程构成的相互融合的课程形态结构。在横向上，劳动育人家校协同课程的构建可以分为三个部分。一是所有中小学校普遍开设的基础性劳动教育课程，如教室值日、打扫包干区、绿化校园等校内劳动，洗衣服、洗碗、做饭等家务劳动，植树、走访敬老院、社区服务等社会公益劳动。二是结合地方历史和中小学校特色开设的拓展性劳动教育课程。三是根据中小学校发展特色开设创生型课程。

142

在劳动育人家校协同课程内容上联系生活,突出其生活性。正如怀特海所说,"教育只有一种教材,那就是生活的一切方面"①。劳动教育源于生活,劳动教育课程所要学习的知识技能、过程与方法、劳动素养、劳动情感、劳动态度等都是从生活中而来。关注生活,就是关注这些出于社会生活的现实需要。劳动教育课程标准的落实、教学内容的选取和组织编排,课堂教学设计的制定和教学活动的安排,要始终坚持以现实生活的角度为出发点,以生活为本源,确保劳动教育与生活的内在关联。杜威认为,从经验的角度来思考教育的含义时,就很有必要考虑这件事情,凡是被称为一种学科的,无论是算术、历史、地理,还是自然科学中的一门学科,起初一定是源自日常生活经验中的材料。② 使中小学生通过熟悉的劳动生活为主题来整合课程内容、组织教育教学,不再依靠知识化的学习来培养中小学生的劳动素养,而将生活视作劳动教育的源泉。改变传统劳动教育忽视中小学生主体性,忽视中小学生直接经验的掌握等问题,倡导劳动教育学习内容和学习方式的变革,鼓励中小学生积极参与各种社会实践活动、公益劳动等,在实践学习中学习劳动知识、培养劳动能力,发展劳动素养,增长智慧。以生活为本源,即从生活中的现实、生活中的需要、生活中的困惑出发,打破中小学生生活世界和劳动世界的壁垒,鼓励中小学生在真实的劳动体验中动手动脑,身体力行,在切实的劳动实践中提升劳动素养。

三、发挥劳动育人家校协同教育家庭效能

家庭是一个人人生的第一所学校,家长是孩子的第一任老师。习近平总书记深刻指出:"家庭是人生的第一所学校,家长是孩子的第一任老师,

---

① 华东师范大学教育系. 现代西方资产阶级教育思想流派论著选 [M]. 北京:人民教育出版社,1980:116.
② 杜威. 经验与教育:汉英双语版 [M]. 盛群力,译. 北京:中国轻工业出版社,2016:57.

要给孩子讲好'人生第一课',帮助扣好人生第一粒扣子。"[1] 为此,要重视和实施家庭劳动教育,家庭特别是家长要承担第一责任。家长的思想和言行对于良好劳动家风的形成以及对子女的劳动意识、劳动观念、劳动行为的塑造至关重要。在整个教育生态中,家庭拥有着启蒙、言传以及终身影响的教育功能,把劳动融入家庭的家风家教中,形成良好的劳动家风,以在日常生活中将热爱劳动、尊重劳动、崇尚劳动的家风,在家庭成员的言传身教中,在劳动家风的感染下帮助中小学生形成并树立正确科学的劳动观,以使其在现实生活中能够积极参与劳动实践,在劳动中磨炼意志,磨砺品性,能够更好地调节身心,控制自我,提高个人的生活自理能力,增进家庭成员间的情感联系,促进和谐友爱的家庭氛围的形成,助益中小学生的身心健康成长。家庭对中小学生启蒙影响是学校与社会所无法替代的,对于开展劳动教育,人们首先会想到学校。诚然,学校在中小学生接受知识成长成才的过程中发挥着重要作用,但人们往往忽视了家庭带给一个人的重要影响,一个好的家庭环境会带给孩子美好的童年,而一个美好的童年是一个人一生中最宝贵的财富,它影响着人的性格,影响着思想,更影响着一个人今后的为人处世。

当前部分中小学生出现的不想劳动、不会劳动、不珍惜劳动成果、不尊重体力劳动者的"四不"现象,究其原因,除社会影响外,很大程度上也与家长望子成龙、轻视劳动教育和对独生子女的溺爱有很大关系。由此可见,打破家长对劳动的偏见是落实开展家庭教育劳动教育的关键转变,在现实的生活中给予孩子更多的劳动机会,要让孩子在劳动中感受劳动的乐趣,营造和谐家庭劳动氛围,让孩子在耳濡目染中学习如何劳动、怎样劳动,提高自身的独立能力和自理能力。随着社会的发展,科技的进步,高科技产品也广泛应用于人们的日常生活中,自动扫地机器人、洗碗机等电子设备的使用方便了人们的日常生活,但也让人变得懒惰,失去了许多

---

[1] 给孩子讲好"人生第一课"[EB/OL]. 中华人民共和国教育部,2021-11-01.

家务劳动的机会，也失去了培养孩子养成劳动习惯的机会，人们越是依赖科技产品，越是与劳动实践渐行渐远。在教导孩子时，家长们不应割裂日常的衣食住行与劳动之间的关系，任何日常的物品都是由人劳动所创造的，不能娇纵孩子只知衣来伸手、饭来张口，把一切都视为理所应当，这不利于孩子的劳动观念的养成，也不利于其世界观、人生观、价值观的健康培养。家长要让自己的孩子明白，他所享受的一切都是父母辛苦劳动工作而赚来的，所有物品都是劳动者通过辛勤劳动而得出的产物，没有劳动者就没有劳动活动，就不会有现如今的人们的生活，让孩子在对劳动认知的改变中树立正确的劳动价值观。因此，要让家庭发挥出劳动教育的基础性作用。抓家庭劳动教育，首先要抓家长劳动教育，为此，各级党政、教育行政和群团组织要重视和关心家长劳动教育工作，党员干部更应该带头。要建立健全家校一体化育人机制，以提升中小学生家长综合素质为目标，使劳动教育体系更加完善有效。要积极鼓励家庭、家长积极参与和实施家庭劳动教育，引导他们主动担起责任，自觉纠正各种错误思想和做法，努力使尊重劳动、热爱劳动成为"好家风""好门风"，彻底摒弃"拼爹""啃老"等不良社会风气，要在生活的潜移默化中让中小学生形成对劳动的思维认知建构，让家庭形成良好的劳动氛围，对中小学校与社会的劳动教育进行补充与弥合，以使新时代劳动教育得以产生预期的成效。特别是对于处于青春期的孩子来说，适当的家庭劳动不仅可以促进自身身体的发育，提高身体素质，也可以改善与父母长辈之间的关系，促进身心的健康成长。这样反而更有利于中小学生提高专注度和兴趣度，提高学习效率，更有利于孩子成为身心俱健、全面发展的人。

四、制定劳动育人家校协同教育评价系统

　　劳动教育评价是劳动教育系统重要的有机组成部分，它检验劳动教育方案设计与实施的效果，发挥激励、监督、调控与甄别的功能，为中小校劳动育人家校协同教育科学化发展提供不竭动力。① 中小学校劳动育人家校协同教育评价本身也是一个完整的系统，其包括评价主体、评价对象、评价方法等元素。其一，谁来评价劳动教育？一般而言，劳动教育评价主体由学科专家、课程管理者、教师、中小学生等构成。随着新课改的推进，社会越来越倡导评价主体从单一走向多元。其二，劳动教育评什么？当前，劳动教育评价对象一般包括对教育目标的评价、对教育内容的评价、对教育实施过程和结果的评价、对教育决策者和实施者的行为评价、对中小学生学习效果的评价等。其三，怎样评价劳动教育？当前，量化评价和质性评价是两种基本的评价方法。评价既是一种导向和激励，也是一种保障。② 为此，要不断创新劳动教育评价理念、评价内容、评价方法和评价操作，构建中小学校劳动育人家校协同教育评价体系。

中小学校劳动育人家校协同教育承载着培养社会主义事业建设者和接班人的重要使命，怎样对中小学校开展劳动教育的情况进行评价，提出反馈意见，及时采取有效措施，纠正劳动教育实际与既定目标之间的偏差，构建科学的中小学校劳动育人家校协同教育监测评价体系成为破题的关键。首先，劳动育人家校协同教育评价理念要突出发展导向，重在劳动观养成。新时代中小学校劳动育人家校协同教育的评价既要关注劳动知识与技能学习的最终结果，又要注重过程评价，关注中小学生马克思主义劳动观的养成情况。一方面，要突出劳动教育评价的发展导向。与其他教育活动不同，劳动教育具有"完整的具身性"和"真实的情境性"，强调中小学生在特定的情境和场域中通过真实的劳动过程获得劳动认知。③ 这就意味着劳动教育评价要摆脱单纯的"知识世界"视域，关注中小学生真实的生活世界，关注中小学生的身体体验。另一方面，要重点关注中小学生马

---

① 周洪宇，齐彦磊. 新时代劳动教育的内涵特点、核心要义与路径指向［J］. 新疆师范大学学报（哲学社会科学版），2023，44（2）：124-133.
② 李洪修，刘笑. 数字时代劳动教育发展的理论逻辑与实践路径［J］. 天津师范大学学报（社会科学版），2022（04）：79-84.
③ 曾天山，顾建军. 劳动教育论［M］. 北京：教育科学出版社，2020：394.

克思主义劳动观的养成。劳动教育"具有鲜明的思想性，必须将马克思主义劳动观贯彻始终"①。劳动教育的本质是马克思主义劳动观的培育活动。其不仅要求中小学生掌握基本的劳动知识和技能，更强调引导中小学生树立科学的马克思主义劳动观。其次，劳动育人家校协同教育评价内容要基于劳动素养完善评价指标。劳动教育的育人作用主要体现在对中小学生劳动素养的培育上。时代新人应该具备怎样的劳动素养，是劳动教育评价面临的重要课题。从本质上看，"劳动素养是中小学生在劳动学习中情感态度价值观、知识与技能、过程与方法的综合实现"②。在劳动素养这个维度中，劳动教育评价的内容应包括劳动知识与技能评价、劳动习惯与品质评价、劳动观念评价，具体如图5-2所示。"劳动知识与技能、劳动习惯与品质、劳动观念"三维评价体系完整地呈现了中小学校劳动育人家校协同教育改革的核心理念。即中小学校劳动育人家校协同教育既要重视劳动知识与技能学习，又要注重劳动习惯与品质的养成，最重要的是引导中小学生形成正确劳动观念。

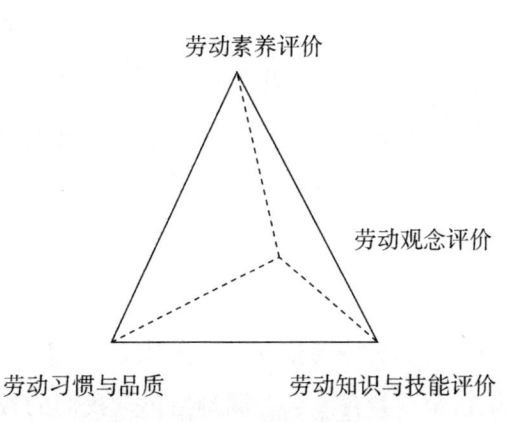

图 5-2 劳动教育评价指标体系

为了使劳动教育评价落到实处，中小学校应构建明确的评价指标体

---

① 教育部关于印发《大中小学劳动教育指导纲要（试行）》的通知[EB/OL].中华人民共和国教育部，2020-07-09.
② 曾天山，顾建军.劳动教育论[M].北京：教育科学出版社，2020：384.

系。在构建指标体系时，中小学校应遵循系统性、动态性、可操作、可量化等原则。劳动知识与技能评价的核心指标是掌握劳动的基本知识和技能，劳动习惯与品质评价的核心指标是形成崇尚劳动、辛勤劳动、诚实劳动、创新劳动的习惯和品质，劳动观念评价的核心指标是树立正确的劳动价值观、劳动主体观、劳动过程观、劳动关系观。再次，劳动育人家校协同教育评价方法要以质性评价为主，量化评价为辅。量化评价强调用数学工具进行评价，注重分析因果关系；质性评价则注重收集和分析定性信息，并以此解释研究对象。量化评价与质性评价之间的相互补充、交融与整合代表了未来劳动教育评价的发展方向。立足劳动教育的特征，劳动教育评价应以质性评价为主，量化评价为辅。

第三节　完善劳动育人家校协同教育保障体系

新时代开展劳动育人家校协同教育是一个涉及广泛的系统工程，要确保劳动育人家校协同教育生态的平衡发展就需要构建完善的保障体系，从加强劳动育人家校协同教育组织保障、师资保障、投入保障以及实践保障等方面确保新时代中小学校劳动育人家校协同教育呈现出平稳、健康和有序的发展态势。

一、加强劳动育人家校协同教育组织保障

习近平总书记在全国教育大会上深刻指出，我们的教育必须把培养社会主义建设者和接班人作为根本任务，强调加强党对教育工作的全面领导，是办好教育的根本保证。[①] 把全面从严治党要求落实到每个中小学教师，把党的政治建设摆在首位，用习近平新时代中国特色社会主义思想武

---

① 刘志辉. 培养德智体美劳全面发展的社会主义建设者和接班人[J]. 新湘评论，2021(11)：58-59.

装头脑，充分发挥党对教育事业的监督管理和宣传引导凝聚师生的战斗堡垒作用。党对中小学校劳动育人家校协同教育工作的领导是支持中小学校、家庭以及协同各方开展劳动教育的根本保障。中小学校领导要提高政治站位，把劳动教育列入培养合格的党和国家未来建设者和接班人的大事来抓，高度重视、关心和支持劳动教育工作，把劳动教育纳入教育改革发展的重要内容。中小学校主要负责人要熟悉劳动教育、关心劳动教育以及研究劳动教育，切实为搞好劳动育人家校协同教育办实事、解难事。要积极推动劳动育人家校协同教育系统的融合，建立健全中小学校与家庭的联系和运作机制，搭建交流互动协作平台。要运用现代传媒手段，大力宣传劳动精神、劳模精神、工匠精神，树立先进典型，引导劳动最光荣、劳动最伟大、劳动最崇高、劳动最美丽在全社会蔚然成风，形成良好、强劲的有利于劳动育人家校协同教育的社会氛围和鲜明的劳动导向。要重视劳动教育立法和政策制定工作，使之有法有规可依，保障劳动育人家校协同教育行进在法治轨道。要在劳动就业、收入分配、职工福利、社会保障、人才培养等诸方面坚持公平原则和保障劳动者利益，提升劳动者的社会地位，使全社会，特别是中小学生看到做劳动者的自豪。除了党对劳动育人家校协同教育的重视，中小学校也需要贯彻党和国家的方针，切实做好劳动育人家校协同教育工作，制定符合中小学校校情的中长期发展规划，确立短期、中长期发展目标及具体实施步骤，把劳动教育列入年度工作计划当中。成立专门的劳动教育建设、管理小组，把劳动教育的建设发展摆到整个中小学校发展的突出位置，结合学科发展建设、专业建设和现有人员的具体情况，制定符合劳动育人家校协同教育发展的教研、科研、师资队伍建设规划，并组织重点实施。另外，为劳动育人家校协同教育发展提供坚实的组织保障也不仅仅来自中小学校内部建设，同时要发挥业界、学界的学术团体、行业协会的优势，组建学术委员会，建立有效的评估机制，定期对中小学校劳动教学的组织、实施进行有效的评估，不断完善与优化学科发展和育人体系。

二、加强劳动育人家校协同教育师资保障

劳动创造价值、创造财富、创造未来，是社会发展的原动力所在。中小学生是未来社会发展的重要人力资源，中小学校是开发人力、培育人才的重要基地。2018年5月，习近平总书记在同北京大学师生座谈时强调，人才培养，关键在教师。教师队伍素质直接决定着大学办学能力和水平。要建设政治素质过硬、业务能力精湛、育人水平高超的高素质教师队伍。[1]要增强中小学校师资力量，必然需要优化教师人才队伍建设，这是构建新时代中小学校劳动育人家校协同教育体系的应然要求和必然举措，也是提升劳动教育针对性、实效性的重要前提条件。因此，要把师德师风建设与劳动教育师资队伍建设有机结合，根据劳动教育师资多元化情况，将师德师风建设纳入中小学校劳动育人家校协同教育师资队伍考核评价体系，建立正确的教育评价导向和反馈机制，对师德师风实行"一票否决"。选树一批中小学劳动教育教师楷模，分享他们的劳动教育成果，形成一批可复制可推广的劳动教育经验，着力建设一支有理想信念、有道德情操、有扎实学识、有仁爱之心的中小学校劳动育人家校协同教育师资队伍。目前，国家师范类人才培养尚未对从事劳动教育教学的师资队伍建设制定专门的人才培养方案，很少有中小学校开设专门的劳动教育专业课程。新时代培养一批中小学校劳动育人家校协同教育专业教师，从建立并完善中国特色劳动科学理论体系和学科体系着手，强化擅长劳动教育专业的师范类人才培养，为劳动教育专业化奠定基础，逐步形成"劳动学科建设—劳动师范人才培养—劳动教育专业师资队伍建设"的良性循环，为劳动教育的开展持续输送专业教师。同时，劳动育人家校协同教育可以与中小学校思政课等德育、智育、体育、美育课程有机结合，充分拓展劳动教育对其他教育的促进作用。为此，中小学校要在培养劳动教育复合型教师上下功夫，鼓

---

[1] 总书记眼中的"人民教师"[EB/OL]. 上观新闻, 2021-09-10.

励支持中小学教师积极参加基层实践，使理论知识与生产实践紧密结合，及时总结劳动育人家校协同教育的心得和经验，将劳动的元素融入各类教材的编写，将劳动的精髓融入各类人才培养方案，潜移默化地强化劳动教育对教育教学各个环节的影响。此外，还要着力凝聚一支社会型劳动教育师资队伍。教育的价值体现于其培养的人才能够为推动社会发展贡献力量。中小学校可以充分利用社会资源，聘请优秀社会人士，比如科学家、劳动模范、大国工匠等成为劳动教育的传道者。他们讲述创新故事、劳模故事，展示精湛匠艺，分享大国工匠情怀，让劳模精神、劳动精神、工匠精神入脑入心，切实增强劳动教育的感染力。中小学校还可以利用家长对中小学生劳动教育的影响，强化正确的家庭劳动教育对中小学生劳动习惯的影响力。

三、加强劳动育人家校协同教育投入保障

提升软硬件水平是保障中小学校劳动育人家校协同教育发展的根本保障，中小学校应该加大对劳动教育的投入比重，努力完善劳动教育发展必需的投入保障措施。就目前我国中小学校劳动育人家校协同教育开展的实际情况来看，投入保障主要包括三个部分，即人、财、物的保障。首先，中小学校劳动育人家校协同教育师资队伍的投入是劳动育人家校协同教育发展的核心保障。通过"走出去，请进来"的方式打造一支政治素质过硬、业务能力精湛、育人水平高超的高素质教师队伍。其次，劳动教育经费是开展劳动教育的基础保障。为此，中小学校应加大对劳动教育的资金投入，做到资金的合理高效使用。将劳动教育相关的活动列入每年的经费预算当中，设立专门的教学科研经费和专项经费，确保劳动教育的有效开展。同时，应积极拓宽教育资金的筹措渠道，比如联合政府、行业企业、知名校友等组织，要吸引企业社会团体的捐赠，建立持续投入和经费单列

的运行机制，为劳动教学设施设备的日常更新保养和维护提供保障。[①] 物质保障也是劳动教育发展的重要保障，包括为劳动育人家校协同教育提供相应的教学设备设施，为教师、中小学生等提供充足的相关书籍资料和音像资料，为教师提供相应的短期培训以及劳动教育科学研究支持等内容。此外，时间保障也是劳动育人家校协同教育发展的重要保障。开展劳动教育的过程就是一个学习的过程，以时间和空间为纽带，实现师生之间的教学相长。在过去的发展中，我们不难发现，劳动教育作为一种特色教育，很多中小学校对于其发展的重视远远不够，从时间保障上来看，存在课程安排总量较少，课程时间较短，时间的有效利用率不高等问题。开展劳动特色教育必须在有限的时间中实现课程创新发展。一方面，中小学校要加强对劳动教育的学科体系建设，从课程安排和课程设计上与其他专业课同向同行，规划相应课时与学分。就每周的授课安排来说，搭建线上学习交流平台，确保教师和中小学生有时间可以了解关注劳动教育内容。另一方面，在尽量保障劳动教育课程时间的同时，将劳动教育充分纳入中小学校"五育并举"的建设当中，开展劳动教育第二课堂，把劳动相关课程纳入中小学生期末的综合考评中。此外，充分发挥中小学校劳动育人家校协同教育的顶层设计、规划、指导作用，鼓励中小学教师与家长利用寒暑假开展劳动教育的特色小学期和劳动特色实践学习，开展多样化教学，引导中小学生主动参与讨论和实践，创造复合时间价值，将课堂从中小学教师单向度的传授知识转变为中小学生多向度的主动获取知识。

四、加强劳动育人家校协同教育实践保障

劳动实践是开展劳动育人家校协同教育的重要环节，劳动教育注重中小学生在劳动中学习、劳动中成长，突出实际操作和真实体验，从而达到

[①] 李丹，闻凤辰. 完善新时代劳动教育师资队伍建设机制［J］. 中国工运，2020（4）: 58.

劳动的育人功能。[①] 新时代中小学生劳动教育要不断拓宽劳动实践场所，开展劳动实践活动，搭建劳动教育实践平台，不断整合劳动教育实践资源，丰富实践载体和形式，将学生的个人生活、校园生活和社会生活与其劳动教育有机结合起来，让中小学生在劳动体验中提升劳动能力素质，深刻理解劳动教育的价值内涵，增强劳动教育实践的吸引力、影响力和实效性。一是多渠道拓宽劳动教育实践场所。中小学校劳动育人家校协同教育实践自然是离不开实践场所，是开展劳动育人家校协同教育的重要载体，长期稳定的劳动教育需要固定的场所支撑和保障，中小学校要多渠道拓宽劳动教育的实践场所，满足中小学校多样化的实践要求和中小学生全方位的实践需求。例如，中小学校通过建立完善实践基地共享机制，多方调研基础设施齐全、安全保障到位的劳动教育实践场所，尤其是利用各中小学校现有的实践基地和场所，按照一定方式实现实践基地资源开放共享。二是多维度开展劳动教育实践活动。新时代中小学生的劳动教育实践不是仅凭中小学校一己之力能解决的，更不是一蹴而就的，而是需要社会、中小学校和家庭协同推进，发挥各自在中小学生劳动教育中的独特作用和服务功能。例如，家庭要注重日常劳动的基础能力培养，对日常家务劳动要让孩子参与进来，给予劳动锻炼机会，传授生活技能，让孩子在劳动中出力流汗、磨炼意志，同时，鼓励家长以身作则、言传身教，积极参与家庭劳动、社会劳动，帮助孩子树立正确的劳动观念、塑造良好劳动精神风貌、培养优良劳动行为习惯，发挥家庭劳动教育的基础性作用。三是多样化搭建劳动教育实践平台。中小学生劳动教育实践目的是培养学生把热爱劳动、尊重劳动、诚实劳动和创造性劳动内化于心、外化于行，自觉提升个人的劳动能力素养。想要达到高质量的劳动教育实践，搭建多样化的劳动教育实践平台必不可少且势在必行。例如，中小学校通过搭建与互联网、

[①] 周洪宇，齐彦磊. 新时代劳动教育的内涵特点、核心要义与路径指向 [J]. 新疆师范大学学报（哲学社会科学版），2023，44（2）：124-133.

新媒体相结合的劳动教育实践平台，注重互联网和新媒体的时效性、传播性和覆盖面，利用中小学校官网、官微、易班等传播方式，关注劳动教育新形态，宣传劳动教育实践中涌现的先锋模范人物和先进典型，同时鼓励中小学生参与网络技术的劳动实践学习，弘扬正能量，注重劳动教育实践线上线下相统一。由此实现中小学校课程与家庭指导、社会实践之间的有机结合，引导中小学生学会创造、学会合作、学会生活，才能实现劳动教育效果的最大化，共同培育出更多堪当民族复兴重任的时代新人。

第六章

新时代中小学校劳动育人家校协同教育实践活动

第一节 劳动育人家校协同教育实践指导

一、中小学生劳动观念教育指导

如果问"劳动光荣吗？"相信很多教师都会说"劳动光荣"。劳动的作用是什么？恩格斯早就说过："劳动创造了人类。"① 劳动是人类生存的最基本活动，它既创造了社会财富，又为社会发展奠定了坚实的基础。每个人都必须从事一定的劳动并在其间发挥自己的创造性，才能立足于社会。所以现在世界各国的初等教育都比较重视劳动教育课，但是劳动教育在我们的实际生活中是怎样的呢？

（一）劳动的重要性

1. 劳动是人类生存和发展的基本条件

21世纪是一个竞争更趋激烈的时代，联合国教科文组织在对数十个国家的教育进行考察后郑重提出了"生存教育"。这表明一个人如果没有较

---

① 中共中央马克思恩格斯列宁斯大林著作编译局. 马克思恩格斯选集：第2卷 [M]. 北京：人民出版社，2001：162.

高的劳动素质，一定的自理能力、动手能力和创新能力，就不能适应现代社会的要求，将会被社会无情淘汰。

2. 劳动对孩子的成长有着不可忽视的作用

劳动是德、智、体、美、劳全面发展的一条重要途径，手脑并用的劳动训练是发展思维的良好手段，是促进智力发展的实践活动。[①] 在劳动中不仅能使学生理解生活的意义，而且能认识自己的力量和才能，珍惜因劳动得到的荣誉，产生自尊感和尊严感。孩子通过自我服务劳动和家务劳动，美化了自己的学习生活环境，从而体会到劳动带来的乐趣。

（二）采取积极有效的措施开展劳动教育

1. 思想上树立正确的劳动观念

劳动有体力劳动和脑力劳动之分，培养正确的劳动观念特指培养重视和热爱体力劳动并形成相应观念的教育，让中小学生对体力劳动有一个正确的态度和认识。体力劳动是人类社会活动的基础，是社会进步和发展的前提条件。[②] 离开了体力劳动，脑力劳动就无法与客观世界相结合，就无法改造世界，没有体力劳动人类就无法生存。体力劳动与脑力劳动只是分工不同，不存在高低贵贱之分。我们要让学生懂得，没有劳动就没有我们人类的今天。人民的生活所需，哪一样不是劳动创造的？要让学生明白，劳动者最光荣。劳动没有贵贱之分，只有分工不同，每个劳动者都应受到尊重。

2. 学习提升学生对劳动的感情

（1）营造和谐的家庭氛围，注意身教重于言教

孩子劳动意识的培养关键在于教育者对劳动的观念如何。家庭是孩子人生的第一个课堂，父母则是孩子的第一位老师，父母对孩子的教育是至

---

① 路杨. 生存教育与高校公共理论课教师的素质 [J]. 高等函授学报（哲学社会科学版），2004（5）：16-18.

② 赵蒙成. 劳动教育为何重要：基于实践哲学的考察 [J]. 湖南师范大学教育科学学报，2022，21（5）：101-109.

关重要的。① 家长必须意识到劳动对孩子成长的重要性。研究表明,早期的经验会影响其一生,一个生活在和谐、热爱劳动、崇尚劳动的家庭氛围中的孩子,在平时的生活中自然也会受到潜移默化的影响,自觉地以父母的行为做榜样,同时应多让孩子做些力所能及的劳动,不断增强子女的劳动意识,树立正确的劳动观。

(2) 中小学校采取措施,重视提高劳动素质

中小学校的职责不仅仅是教授学生知识,从小培养孩子的热爱劳动的意识也是中小学校义不容辞的责任。中小学校是个育人的大集体,而班级是这个育人大集体中的一个小集合体。班级教育是中小学校教育的基本单位,班主任是在班级教学的基础上,结合学生学习、生活的实际情况开展有针对性的道德、励志、理想前途教育和人格培养,所以班主任要发挥自己学校德育教育的重要作用。要在以下方面开展学生的劳动教育:一是要注意教师的模范带头作用。"劳动光荣"并不仅仅是一句口号,它需要班主任的实际行动。在劳动观教育中,班主任不能只做夸夸其谈的"理论家",更要成为脚踏实地的"实干家"。二是创建"人人爱劳动"的班风。感受劳动的美,利用班会课等多种形式培养学生的劳动观。教唱一些劳动歌曲,让孩子们在歌曲中受到潜移默化的教育;每周和同学们一起探讨一些简单的劳动方法,比如做饭、洗衣等家务劳动;安排学生在家中与父母共同劳动,并评选每周的劳动之星。这些都有利于提高学生的动手能力和劳动能力,而且能让孩子们懂得感恩,密切亲子关系,增进家庭的感情。三是在教育中把劳动当奖励。不再把劳动作为惩罚的工具,我们要让学生知道在劳动面前"人人平等",引导学生把劳动作为体现自身价值的重要渠道,感悟劳动创造的美妙心情,让劳动成为自身快乐的源泉。让孩子真正感受到劳动最光荣!做到"以辛勤劳动为荣,以好逸恶劳为耻"。四是在义务劳动中培养劳动观。中小学校劳动观念教育除了要教会学生一些简

---

① 崔振邦,杨峻坪. 中国家校合作教育简论[M]. 兰州:甘肃文化出版社,2018:297.

单劳动理论，掌握一定的劳动和社会生活技能，还应该让学生参加简单的劳动实践。日本教育孩子有句名言：除了空气和阳光是大自然的赐予，一切都要通过劳动才能获得，劳动意识和劳动能力是一个人最为宝贵的素质。劳动教育并不过时，让我们把劳动教育进行到底，让孩子们体验劳动的艰辛、劳动的快乐。

二、中小学生劳动习惯教育指导

基础教育阶段是一个中小学生成长的关键时期，在这一时期的中小学校教育中，要培养学生正确的劳动态度，养成良好的劳动习惯，这不仅关系到集体良好班风的形成，更关系到学生的健康成长。通过劳动活动对学生进行劳动习惯的培养，增强他们的劳动积极性，提高中小学生的社会责任感，在劳动实践中学会做人，学会生活，学会动脑，学会创新。培养学生的劳动兴趣和正确的劳动态度。那么如何培养学生劳动习惯呢？

（一）身教重于言传

人的一生一直处于受教育之中，父母是孩子第一任启蒙老师。入学之后老师是学生灵魂的工程师，老师的言行对学生起着潜移默化的作用。老师应该以身作则做好班级工作，并让学生觉得劳动是生活的一部分，像吃饭、睡觉一样自然和必要。每个学生都是班级的一员，当学生参加了一些劳动之后，对班级的感情就不一样。老师现在也从管理型向服务型转变，也要增强劳动意识，潜移默化地影响学生的身体和心理发育。

（二）制定适当的班规

班规作为班级成员共同遵守的生活规范和行为准则，是一种无声的命令，是潜在的强大教育力量。制定明确、合理、可行的班规，有利于学生的健康成长，它可以约束、帮助和教育学生在班级中形成良好的行为习惯。劳动是班规的内容之一。班规的条理一清二楚，写得明明白白，如每天起床后必须自己叠好被子、整理房间、打扫卫生等，班规也要随着学生的成长而做改变。聪明的班主任总是让学生从小事做起，担当责任，履行义务，让学生在劳动方面日益成熟起来。

（三）及时进行鼓励

教师应该有一双慧眼，及时发现每个学生每次劳动的一点点进步，并及时鼓励学生，尤其是鼓励和表扬那些没有其他特长、性格内向并且平时受表扬很少的学生，对他们的能力进行肯定，这对他们的成长有一定的帮助。比如教师得知学生洗了水桶后，可称赞说："哇，这桶谁洗的呀，这么干净"。再如，打扫教室卫生时，班主任可以一直观察，盯住平时表现不好的同学干了什么活，在劳动结束之后及时点名鼓励这些同学，这样的方法会产生不错的教育效果。可以说"鼓励价值连城"。

（四）放手让学生参加劳动

学生不参加劳动并非他们不愿意劳动，而是有些父母从小就不让他们参加劳动，连拖个地扫个院子也认为孩子弄不干净，稍重一点的活就怕孩子累坏了身体，稍花些时间的活又以会浪费时间、影响孩子的学业为由，更不愿让孩子参与。许多父母在孩子求学期间包揽了所有家务，只让孩子一心一意学习。殊不知，从小做家务的人的生活比不做家务的人要充实、幸福得多。教育的秘诀就在于使孩子的身体锻炼、思想锻炼、能力锻炼互相调节。只有让孩子的各种能力都得到锻炼培养，孩子才会处在健康成长之中。

（五）自我服务

学生住校之后，个人卫生、内务卫生都需要自己来完成，有的学生从来没有洗过衣服袜子和叠过被子，而住校正是学生学会自己做事的绝好机会，不仅能培养学生的劳动观念，还能培养学生独立生活的能力，更能促进学生独立性的形成和发展，使学生尤其独生子女能及早摆脱对大人的过分依赖，养成好的劳动习惯，成为一个独立的社会成员。

(六) 做家务

学生离开中小学校之后，家务劳动就干得较少了，班主任要在每次放假之前布置一些力所能及的家务劳动。例如，可让学生回家帮助家里种地、做饭、洗碗、洗衣服、打扫家里卫生，开饭时可让他们帮着搬凳子、摆碗筷，饭后让他们帮忙收拾清洗碗筷和收拾厨房，也可以让他们帮家长择菜、洗菜。这些事情可以使学生感到十分快乐，让他们觉得自己长大了，能帮助父母做事情了。久而久之，就能养成良好的劳动习惯。

(七) 参加公益劳动

随集体参加公益劳动也是培养学生增强劳动意识的一种途径。教师可以在天气晴朗时带学生参加中小学校或社区居民区组织的一些公益劳动。例如，参加春天的植树、夏天的灭蚊蝇、秋天的除草、冬天的扫雪等，也可以带学生照顾附近的孤寡老人、军烈属，让他们为邻居做些力所能及的事情，以此来培养劳动习惯，增强公益爱心。

此外，还可以通过以下各种活动培养中小学生的劳动习惯。

（1）认领班内一项劳动项目。坚持完成，为了打破学生固有的"老师班长分配了，我就做；老师班长不分配，我就视而不见"的观念，充分调动学生自主劳动的积极性，把班内的劳动项目一一列出，尊重学生的意见，由同学们自己选择，并且每组分设劳动组长，负责记录组员的劳动情况。从班里的每一扇窗户的明亮，到教室内外地面的清洁，到每一行桌椅的排列整齐，甚至讲台、电视柜、窗台上的每一盆花都有专人负责。这样做可以强化学生的使命感，使学生意识到自己的职责是神圣的，自己完成自己想做的事是光荣的。

（2）组内评选劳动红旗手。利用班会课决定进行每周劳动红旗手的评比，条件为：能够持之以恒；劳动效果良好。只要达到这两个条件的同学，都可以被评为劳动红旗手。评比形式为小组评选。劳动红旗手的评选可以促进学生日常劳动的积极性，班内卫生状况日趋好转。随着劳动习惯的逐渐养成，班内卫生评比由每周一次渐渐变成两周一次，然后三周一次，学生能够坚持完成自己的本职工作，因为已经养成了习惯。

（3）校园绿色行动。为强化习惯的养成"心动不如行动"，让学生把热爱劳动的意识落实到行动上，更能强化学生劳动习惯的养成。利用业余时间打扫中小学校的公共区域卫生：有捡瓶子，有捡垃圾的，有扫地的，还有清理卫生死角……当学生回到教室后，在教室里发现垃圾，都能够自觉地捡起来。这样的劳动实践活动，使学生感受到劳动是光荣的，劳动是快乐的，从而逐渐养成自觉劳动的习惯。

（4）向家长反馈孩子的劳动表现。借助中小学校家长会，除了谈孩子的学习、生活、身心之外，还要说几句孩子劳动方面的表现，这样家长也可以全面了解孩子的表现，并就劳动方面表现好的学生向家长报告学生的进步。鼓励学生做好假期在家劳动的安排，请学生在开学时交回"致家长的一封信"反馈表。这一活动将对学生的劳动习惯的培养由中小学校延伸到家庭。向家长发出倡议，建议给学生更多的劳动锻炼机会，这对学生的成长是非常有利的。恰当地运用各种手段，通过丰富多彩的活动把培养劳动态度与习惯与班集体各项活动紧密联系，而不是空洞的说教，以激励为主，逐渐建立以劳动为奖励的机制，而不是以劳动为惩罚，可以有效地端正学生的劳动态度，培养良好的自觉劳动习惯，使学生认识到劳动是中小学生必不可少的一项工作，并且在逐步养成良好的劳动习惯。

三、中小学生劳动素质教育指导

在目前的基础教育中，相当一部分中小学生把进入重点学校作为自己的唯一目标，在整个中小学校教育阶段和家庭教育中，忽视了劳动教育，而多注重对学生进行智育的培养，忽视了劳动对一个人成长过程中至关重要的作用。锻炼学生的动手能力，培养他们热爱劳动的良好习惯，是我们刻不容缓的责任。劳动最光荣，特别在目前形势下，劳动素质教育显得尤为重要。近几年来，我们中小学校在劳动教育中做了一些有益的探索，并取得初步的成效。

(一) 培养孩子的劳动意识

1. 调查摸底，因地制宜开荒地。请同学们谈谈在家帮父母做了什么家务。没想到的是，有一个孩子说：我的妈妈天天都打麻将，所有家务都是请工人做的。调查中我们还发现，有不少家长对孩子的要求是只要你考试成绩好，家里的事就不用你做了，抓紧时间学习吧。他们生怕多做家务会影响学习时间。还有更多的情况是"懒"，讨厌劳动。如此种种，让我们深深地感到在如今学生普遍存在劳动意识缺失。怎么办呢？难道我们的教育只是培养"精英"，只是培养高分低能的人吗？因地制宜，利用现有条件，在全校开展大规模的种植蔬菜的劳动教育。

2. 全体动员，开展劳动竞赛。各班领任务后，及时对全体学生进行劳动的动员，首先，在学生中开展讨论，如你认识的蔬菜种类有多少，你知道蔬菜是怎样栽培的吗，你渴望创造财富吗，你知道种菜也是创造财富吗，等等。同时给同学们宣传劳动的意义，让大家明白劳动创造了历史，劳动对于一个人成长的意义，让大家懂得劳动最光荣的道理。然后做出具体的安排，下达任务目标，制定竞赛方案，短时间内，同学们都会跃跃欲试，劳动热情被极大地调动起来。接着组织学生进行开荒、平土。同学中有个别人曾经帮家人种过地，而更多的同学是从来没有接触过这项活动，但他们对劳动充满了热情，开展热火朝天的劳动竞赛。同学们的劳动参与率达到100%。土地平整后，同学们可以通过查阅资料、询问家长、访问老农以及互相交流，根据这里的土质来确定自己所种植的品种。可以种植辣椒、茄子、豆角、芋头、南瓜、生菜、花生、玉米、向日葵等十多个品种。各班选定品种后，适时地下种、淋水、施肥、观察。通过劳动，同学们感受到自己居然能够创造财富，这是一件多么令人高兴的事啊！

(二) 劳动教育促进学生学习

1. 劳动基地是科普基地。我们要达到的目标是科普。对学生进行科学普及教育,让学生通过学习植物的播种、发芽、生长及施肥、管理等全过程,从而对植物的生长有了初步的认识,进一步认识自然、了解自然。中小学校在菜地的周边竖起了蔬菜种植科普宣传牌,图文并茂,上面有蔬菜的种植技术,其中包括各品种的学名、俗称、生长所需的温度、生长的周期、田间管理等。各班还设立观察记录,对植物生长的全过程进行详细的观察,定时写观察日记。观察种子的发芽、长叶、分枝、开花、结果等。对植物生长的速度,什么时候施肥,什么时候淋水,出现的问题,开花的时间以及结果的喜悦等都做了详细的记录,并定时将这些记录公布与大家共同分享。

2. 劳动让学生渴望知识。通过活动,同学们更加认识到要感恩社会、服务社会,还要不断提高自身能力以及全面素质。如何全面提高自身的素质?除了学习课本知识外,还要靠我们的双手去学会改造和创造世界,也就是说,我们的理论知识要到实践中去检验。另外,我们所学的理论本身就是指导实践的。通过劳动,让学生深切地体会到"劳动创造世界"的深刻含义,使学生懂得我们现在的生活来之不易,让学生的素质能够得到全面的提高。劳动锻炼,我们收获的不仅仅是物质成果,更重要的是,学生在体力上得到锻炼,社会阅历更加丰富,情操得到熏陶,同学们更深切地感到自己知识的贫乏,产生对知识的渴求。认识到要想真正改变我们落后的面貌,要创造更多的财富就只有更加认真读书,掌握更多的本领。劳动使同学们学习知识的积极性更加高涨,更加有责任感。思想道德水平不断提高。在劳动的过程中,学生们互相学习,互相交流。增进了团结,培养了协作精神,也增强了社会责任感。劳动还能通过刺激大脑,缓解压力,使学生心灵手巧,对学习也大有帮助。

(三)提高自身能力以及全面素质

1. 学生学会感恩父母。我们的劳动教育从开始就与中小学校开展的感恩教育紧密结合,通过劳动让学生懂得身上穿的衣服,每天吃的粮食都是人们辛辛苦苦劳动的结果,没有劳动就没有一切;懂得父母每天多么不容易，从而更加珍惜生活，感谢父母。

2. 学生学会回馈社会。回馈社会，我们劳动教育计划中已明确：劳动成果收获后，每个班将这些成果送给各班所联系的本社区孤寡老人。劳动基地开创能够初步在学生中播下热爱劳动的种子。我们也能体会到，我们的劳动基地，不仅仅能收获物质成果，同时学生的贡献得到提升，更重要的是让学生受到良好社会风气的培养及情操的熏陶。中小学校可以开展以"学会感恩"为主线的德育教育活动。要在发展学生德智体美劳全面素质上下更大的气力，为培养对社会有用的合格人才不断探索，走出一条适合学生发展的、具有特色的中小学校发展新路子。现在的中小学生身体素质普遍不高，劳动教育恰恰就锻炼了学生的体质，既锻炼了学生的动手能力，同时也是对学生进行了科普教育。经常性的劳动又改变了他们对劳动的看法和对参加劳动的态度。

四、中小学生劳动观念教育指导

热爱劳动是中华民族传统美德，当代学生身系国家的未来，肩负历史的使命。我们的国家能否繁荣昌盛，能否立足于世界民族之林，关键在于新生代有没有崇高的理想，有没有劳动观。正如德谟克利特所说："如果儿童让自己任意地不论去做什么而不去劳动，他们就既学不会文学，也学不会音乐，也学不会体育，也学不会那保证道德达到最高峰的礼仪。"[1] 因此，中小学校要培养一代新人、有用人才，就需要培养学生热爱劳动，热爱劳动人民，珍惜劳动成果，懂得用勤劳的双手去创造生活、创造美。懂得只有付出才会有收获，从而热爱劳动，尊重劳动者。

对中小学生的劳动教育主要包含两层意思，一是培养劳动观念，培养中小学生热爱劳动的品质和热爱劳动人民的思想感情；二是培养中小学生的劳动技能，培养中小学生的生存能力和战胜困难的意志品质。我国的教

---

[1] 丁虎生. 教育：人的文化存在形式 [J]. 当代教育与文化, 2009, 1 (2)：1-7.

育方针明确指出:"使受教育者在德、智、体、美、劳几方面得到全面发展,成为有社会主义觉悟的有文化的劳动者。"① 但事实证明,劳动教育对于一个人的成长确实起着十分重要的作用。

劳动教育应当作为德育乃至整个中小学校教育的重要环节。教师群体要对劳动教育引起高度重视,明确要求学生做自己力所能及的事情,在家里帮助父母做家务事,鼓励学生参加一些公益劳动,如打扫环境卫生,帮助孤寡老人、残疾人以及生活困难大的病人收拾院落、清洗生活用品等力所能及的劳动,营造爱劳动的氛围,培养学生热爱劳动和乐于助人的良好品质。

未来社会竞争激烈,培养孩子们的生存能力、迎接明天的挑战已成为大家的共识。一些发达国家对孩子们的劳动教育都采取了种种行之有效的办法:美国、德国的一些法律中都规定了6~18岁的孩子应该做的家务和社会劳动;德国有6%的中小学生打过工;日本一些小学组织学生到生活条件差的岛屿、农村、山寨去接受劳动磨炼。学生的情操会在劳动中得到陶冶,学生的身体素质也会得到提高,学生的学习成绩也不会因此而降低。一句话,劳动教育会对孩子的一生产生积极深远的影响。

五、中小学生家庭劳动教育指导

家庭中的劳动教育对孩子良好品德的形成,对培养孩子热爱劳动和劳动人民的情感,养成良好的劳动习惯,培养孩子对家庭、对亲人的责任心,提高生活自理能力有重大意义。当前的小学生尚具有一定的劳动观念,知道劳动的重要性,但很缺乏劳动的习惯和技能,不少孩子在生活中懒惰成性。根据调查,220名1—6年级学生,每天早晨起床自己收拾被褥的仅占26.4%,饭后经常洗碗筷的只占13.2%。其中,五年级学生自己洗手绢、袜子等小衣物的占64.1%,倒垃圾的占62.2%,帮助烧饭菜的占

---

① 新时代教育工作的根本方针[EB/OL].中华人民共和国教育部,2019-09-16.

20.9%，拖地板的占42.9%，扫地、擦灰尘的占55.5%，买菜的占25.8%，洗衣服的占28.5%。以上调查数据表明，当前小学生懒惰问题很严重，缺乏劳动习惯，对自己应当干的事，甚至连力所能及的自我服务和家务劳动，都没有达到起码的要求，这个问题必须引起家长的重视。

现在的孩子，生活条件日益优裕，不少家长对子女娇惯，什么家务活儿也不让孩子干。大部分"小皇帝""小公主"过着衣来伸手，饭来张口的优越生活。他们或是不爱劳动，或是不会劳动，或是没有养成良好的劳动习惯。这种现象不解决，将直接影响下一代人的全面健康成长。因此家长要高度重视孩子们的劳动教育。劳动不但能提高孩子的觉悟，而且能发展智力。一位教育家说过："孩子的才能和天赋的起源在他们的指尖上，形象地说，从他们的手指淌出涓涓细流，汇成创造思想的源泉。"[1] 这告诫人们不仅要把劳动看作生活的必需，而且要把劳动看作人的精神生活和精神财富的多方面表现。劳动能培养孩子具有劳动人民的思想感情。劳动人民是精神财富和物质财富的创造者，是实现"四化"大业的主力军。劳动人民对自己所从事工作的热爱和劳动成果的珍惜与辛勤地创造性劳动密不可分。种粮的农民绝不会把馒头、面包扔掉，制造桌椅的工人也不会用刀子在上面留下自己的姓名。自己洗的衣服穿起来在意，自己烧的饭菜可口，自己种的花草爱护……劳动将使孩子逐渐树立起热爱劳动，热爱劳动人民，热爱劳动果实，热爱生活的思想感情。劳动还可以促进意志品质的形成，劳动习惯的形成过程也是意志形成的过程。例如，每天早晨起来自己叠被子，自己打扫卧室，没有相当的毅力是不可想象的。再如，自己洗衣服、倒垃圾、刷厕所等劳动，没有不怕脏、不怕累的思想是不行的。不难看出，劳动对孩子性格的形成起独特的作用。劳动是孩子全面发展不可缺少的一环，是促进孩子身心健康发展的必要条件。劳动不仅锻炼了孩子，而且可以使孩子从中受到教育。苏霍姆林斯基说过："爱劳动首先是

---

[1] 袁继红，丘仙灵. 玩劳动：数字时代劳动与休闲的耦合逻辑［J］. 哲学分析，2022，13（2）：3-14，196.

孩子情感生活的范畴。劳动的快乐越深刻，孩子就越珍惜自己的荣誉，越清楚地在劳动中看到自己的努力，自己的荣誉。劳动的快乐是强大的教育力量，这种力量能使孩子认识到自己是集体的一员。"[1] 要使劳动不成为额外的负担，家长千万不能用劳动来惩罚孩子。如果孩子形成了一种成见，劳动就是惩罚，这给整个教育工作造成的损失是难以估量的。任何劳动都是值得尊敬的，如果孩子看到父母很尊敬地和电梯女司机、邮递员、清洁工打招呼，就会使孩子明白一个十分重要的真理：日常的平凡的劳动都是很重要的，在我国一切劳动都是受尊敬的。在劳动教育中，不能溺爱，认为"孩子小，大人干就行了"，或者认为"学习就够累的了，只要学习好就行了"，往往孩子应该做的事就由大人代替了。这是不对的，要想改变孩子对劳动的态度，家长必须以身作则，真正认识到劳动在孩子成长中的重要作用，重视从小培养孩子的劳动习惯，将使孩子终身受益。

（一）自己的事自己干

在培养孩子良好的劳动习惯中，自己的事情自己干可以说是最经常、最基础的内容。它既是劳动的起点，又是劳动内容的基础。

什么是"自己的事"？首先要明确"自己的事"属轻微的劳动。针对孩子的年龄特点做力所能及的事，如学习方面的削铅笔、包书皮、整理书包、准备文具等；生活方面的穿衣、洗漱等；集体方面的值日、大扫除等；家庭方面的做饭、洗碗、扫地等。

放手让孩子干自己的事。要放手让孩子去做自己的事，既不要怕累着孩子，也不要怕孩子做不好。要想培养孩子会做事，就应该让孩子有自己的一份劳动任务，如铺床、缝扣子、热饭、洗小件衣物、准备上学用品等。当孩子做得好时，要给予表扬，孩子做得不好时，家长要给予指导，千万不能责骂或挖苦讽刺。

反复训练循序渐进。家务劳动有难有易，开始不要让孩子做复杂劳

---

[1] 苏霍姆林斯基. 苏霍姆林斯基选集：第二卷[M]. 北京：教育科学出版社，2001：302.

动,要随着年龄的增长逐步提出较高要求,让孩子反复训练,循序渐进。由于孩子生理和心理发展水平有时不能平衡,往往心到手不到,干事拖拉,丢三落四,这种现象是正常的。家长要认真帮助孩子找出问题所在,指出解决问题的方法,再让孩子重新做,做到家长满意为止。

让孩子体会劳动的快乐。苏霍姆林斯基说过:"我们要使学生在童年少年和青年时代尽量多和成年人一起劳动,对成年人来说,劳动是一种幸福和享受。共同感受劳动的快乐是自我教育的第一步。"[1] 当孩子学会自己照顾自己时,他的内心会流溢着自豪和欢乐,会感到生活的美好和做人的尊严,因为这是他的劳动所得。家长要让孩子养成自己的事自己做的良好习惯,就必须从一点一滴的事情做起,在自我服务和家庭劳动中,感受到劳动的快乐。

(二) 艰苦朴素、勤劳节俭

今天的孩子可以说是在"蜜罐"中长大的,要什么有什么,想吃什么家长就给买什么,只要孩子开口要,家长就千方百计去满足。孩子们所要的东西来得太容易了,丢了不找,坏了不心疼,不知道爱惜。我们必须教育孩子们,要让他们知道"艰苦朴素,勤劳节俭"是我们的"传家宝"。由于孩子年龄小,分辨是非能力差,所以,家长要有计划地给孩子零花钱,让他们把钱攒起来,购买文具、图书,养成从小不乱花钱的好习惯,当然,家长的榜样作用也是十分重要的。家长不讲排场,不比阔气,朴素节俭,这对孩子的成长是无声的教育和影响。总之,要让孩子在自我服务、家庭劳动中养成良好的劳动习惯和艰苦朴素的好品质;培养孩子对家庭对社会的责任心,提高生活自理能力;增强孩子热爱劳动和劳动人民的情感,使孩子在家庭这个摇篮里健康成长,让他们有一个幸福的童年、一个美好的少年时代。

---

[1] 苏霍姆林斯基. 论劳动教育 [M]. 萧勇,杜殿坤,译. 长沙:湖南教育出版社,1987:124.

第二节　劳动育人家校协同教育主题活动

一、中小学生"劳动光荣"主题班会活动方案

（一）活动背景

中小学生生活自理能力比较差，根本谈不上什么劳动技能。尤其是现在这些孩子，独生子女比较多，几个家长照顾一个孩子，孩子更是什么活都不用干。记得有个中小学生教育专家说现在的孩子能力极度欠缺，摔一跤都不会用手扶一下的，直接让脸着地。现在的孩子之所以会这样，就是什么都不干，既不动手又不动脑的结果。因此，在"五一"劳动节之际安排了这次班级活动。

（二）活动目的

1. 教育学生树立"劳动最光荣"的意识。
2. 通过本次活动，让学生初步认识劳动是光荣的，不劳动是可耻的。
3. 通过展示自己的劳动才能，品味劳动的愉悦感、自豪感。

（三）活动准备

1. 学生和家长一起如实填写学生平时劳动情况调查表。
2. 观察、收集身边辛勤劳动的典型人物和事例。
3. 每个人选自己认为做得好的一种劳动（如穿衣、系鞋带、整理书包、扫地等），并在家练习，提高劳动技能。
4. 教师准备两个录像片段和部分图片。

（四）活动过程

认识劳动的重要意义

导语：许多人十几岁就考上了大学，你羡慕他们吗？你想当这样的天

才少年吗？让我们一起来看看这些天才少年的生活吧！

1. 播放视频资料：许多成功考入少年科技大学的学生并没有取得预期的成功，许多人头顶天才的光环在鲜花和掌声中风光无限地入校，入校之后却黯然失色，甚至被劝退。

你们知道是为什么吗？（让学生猜测原因：吸毒、打架……）主持人：他们不成功的真正原因，是生活完全不能自理，连鞋带都不会系，衣服也不会洗，他的宿舍里到处都是脏衣服，他们根本无法独立生活。许多学生让家长陪读当他们的保姆。

2. 听了这些天才少年的故事，你有什么感受？

学生①：我们应该热爱劳动，自己的事情自己做。

学生②：我们不能衣来伸手，饭来张口，应该学会劳动，能够自己独立生活。

3. 你希望自己什么活都不干，将来也成为这样的天才少年吗？

学生①：我不想这样。

学生②：光学习好不行，还要会劳动，自己会照顾自己，学会独立。

（五）劳动体验

1. 主持人：你平时会做哪些劳动？（学生发言）

主持人：同学们最拿手的劳动本领是什么？谁最心灵手巧？让我们来个劳动技能大比拼，看看谁最棒！

拿出事先准备好的劳动工具。

学生选择自己最拿手的劳动技能，如擦窗户、刷洗杯子、缝沙包、钉扣子、洗手绢、叠衣服等，向大家展示。（每组限时 3~5 分钟）

2. 展示成果。学生互评，评选"小巧手"。

3. 交流劳动感受：

学生①：把活儿干好不容易，我还要好好学习。

学生②：劳动使我心灵手巧，劳动创造了价值。

学生③：我被评为"小巧手"，我真高兴。劳动最快乐，劳动最光荣。

教师小结：我们的社会需要劳动，劳动为我们创造了舒适的环境，劳动保障了我们的衣食住行，劳动使我们增长了智慧，劳动使我们心灵手巧，劳动推动了人类社会的发展，劳动让我们受益终身。不劳动，就不能创造社会价值。不劳动的人生，是没有价值的人生。

（六）发出号召

主持人：大家今后有什么计划，和同学们交流交流吧！学生分组交流，然后各组选代表进行全班交流。

老师发出号召：

1. 在家做个爱劳动的好孩子。学习独立生活的能力，做到生活自理，自己的事情自己做，不要事事都依赖家长。

2. 在校做个爱劳动的好学生，做一个德、智、体、美、劳全面发展的优秀人才。

（七）拓展活动

1. 每天都在家帮父母做一件力所能及的家务劳动，坚持自己的事情自己做，并且把这个习惯保持下去。

2. 每周开展一次劳动表现评比，评选优秀值日生。全体同学合唱《劳动最光荣》，活动结束。

（八）活动效果评价

1. 学生积极参与活动，发言踊跃，气氛活跃。

2. 学生们知道了劳动的重要意义，乐于参与劳动。

3. 小组活动更有秩序了，争当小组代表更积极了。

4. 班级工作开始抢着干了，也会干了。从一开始连地都不会扫到现在不用老师指导也能把教室整理得整整齐齐。

5. 许多家长反映学生在家不仅能够主动承担简单的家务，还主动帮家长洗脚、梳头、捶背、剪指甲……变得懂事了。

（九）活动反思

学生们的许多劳动技能还需要慢慢学习，像缝扣子，虽然缝上了，可是布被线揪得皱巴巴的；擦窗玻璃，擦完看起来比不擦还脏；洗个小手绢，洗衣粉大把大把地用，盆子里的泡沫都流出来了；洗个杯子，失手掉到地下好几次，瓷都磕掉好几块，要是玻璃或是瓷器的早摔坏了。虽然没有期望学生凭借一次活动就心灵手巧，但是这么差的动手能力还是让人意外。所以，这次活动安排得很有意义。只有让学生树立"劳动最光荣"的意识，让他们乐于参与劳动，才能真正有效地锻炼他们的动手能力，我们的教育目的才能达到。

二、中小学生"热爱劳动"主题班会活动方案

（一）活动背景

现在的孩子如同天使般可爱，他们无忧无虑的背后，很多也一定有如公主般幸福的环境，他们大多数习惯了衣来伸手、饭来张口的生活，事实证明，大多数的孩子没有劳动的意识，面对这样的现状，学校特地举行"爱劳动"主题班会活动，以此活动培养学生热爱劳动的优良品质。

（二）活动目的

1. 使学生进一步明确什么是公益劳动，怎样正确对待公益劳动，从而进一步培养学生为人民服务、热爱公益事业、团结协作、乐于助人的思想品质。

2. 使学生进一步明确一切的劳动成果都是来之不易的，从而培养学生养成珍惜劳动成果的行为习惯，并体现在日常生活中。

（三）活动准备

1. 全班准备歌曲《咱们工人有力量》。

2. 四名学生准备小品。

3. 一名学生准备名人故事。

4. 一名学生准备诗歌朗诵。

5. 五名学生准备小品。

6. 准备拼字游戏。

7. 主持人小结。

8. 班长准备倡议书。

9. 两名同学协助"爱公益劳动惜劳动成果"签名活动。

(四) 活动过程

1. 导入

达·芬奇曾经说过：劳动一日可得一天的安眠，劳动一世可得幸福的长眠。的确，只有亲自参加劳动的人，才能尊重劳动人民，才会懂得珍惜别人的劳动成果，才会懂得幸福的生活要靠劳动来创造。劳动是我们中华民族的传统美德。21世纪的中小学生就更应该热爱公益劳动，珍惜劳动成果。那么，我们应该怎样热爱公益劳动，珍惜劳动成果呢？"五一"是国际劳动节，那就让我们为这个全世界劳动人民的节日唱出劳动的赞歌吧。

2. 全班齐声合唱革命歌曲《劳动最光荣》

主持人点拨：歌声唱出了热情，歌声唱出了力量。那么，我们之中又有多少人知道什么是公益劳动呢？

3. 小品表演

(1) 请同学表演小品《一件小事》。

(2) 主持人点拨：确实，在我们之中还有些同学对公益劳动的认识是不够的：像小品中的小良同学因为怕苦、怕累、怕脏，怕被人笑话，看着处在危险中的盲人也不敢或者说不愿意去做。这一点又说明了什么呢？请学生讨论、发言。

4. 学生讲助人为乐的故事

(1) 请同学讲《毛泽东助人为乐的故事》。

(2) 主持人点拨，使学生明确：

以上故事告诉我们：就连我们的伟大领袖毛泽东同志也从小就养成了热爱公益劳动，乐于助人的好习惯，我们作为21世纪的学生，是不是更应该热爱公益劳动，珍惜劳动成果呢？我们应该怎么做呢？我们班也有些同学平时也很热爱公益劳动，珍惜劳动成果。

5. 献给劳动者一首诗歌

请同学配乐诗朗诵我国著名诗人艾青的诗歌《给乌兰诺娃》。

6. 小品表演

（1）请同学表演小品《粒粒皆辛苦》。

（2）主持人点拨：一粒饭，掉了真的不算什么吗？劳动成果真的是唾手可得吗？学生讨论、发言。（指出部分同学不尊重父母、老师、同学等的劳动成果的坏习惯，要求同学们改正）

7. 拼字游戏

分组参与拼"劳动光荣，懒惰可耻"游戏，看谁拼得快。

8. 班长宣读"热爱公益劳动，珍惜劳动成果"的倡议书

倡议同学们：从现在做起，从身边做起，从小事做起，把热爱公益劳动、珍惜劳动成果的行为习惯体现在日常的生活中吧！

9. 签名活动

举行"热爱公益劳动，珍惜劳动成果"的签名活动。

（五）活动反思

本次活动通过讲故事、表演文艺节目，让同学们明白了"劳动光荣，懒惰可耻，劳动是每一位有劳动能力的公民的职责"的道理，同时也让孩子们懂得了一切劳动都是艰苦的，只有尝到劳动的艰辛，才能懂得珍惜劳动成果。活动举行得很圆满，但也有缺憾，那就是没有让孩子们亲自体验一下劳动的艰辛，希望下次活动能够增加此项内容。

附录一

中共中央、国务院关于全面加强新时代大中小学劳动教育的意见

(2020年3月20日)

为构建德智体美劳全面培养的教育体系,现就加强新时代大中小学劳动教育提出如下意见。

一、充分认识新时代培养社会主义建设者和接班人对加强劳动教育的新要求

(一)重大意义。劳动教育是中国特色社会主义教育制度的重要内容,直接决定社会主义建设者和接班人的劳动精神面貌、劳动价值取向和劳动技能水平。长期以来,各地区和学校坚持教育与生产劳动相结合,在实践育人方面取得了一定成效。同时也要看到,近年来一些青少年中出现了不珍惜劳动成果、不想劳动、不会劳动的现象,劳动的独特育人价值在一定程度上被忽视,劳动教育正被淡化、弱化。对此,全党全社会必须高度重视,采取有效措施切实加强劳动教育。

(二)指导思想。以习近平新时代中国特色社会主义思想为指导,全面贯彻党的教育方针,落实全国教育大会精神,坚持立德树人,坚持培育和践行社会主义核心价值观,把劳动教育纳入人才培养全过程,贯通大中小学各学段,贯穿家庭、学校、社会各方面,与德育、智育、体育、美育相融合,紧密结合经济社会发展变化和学生生活实际,积极探索具有中国特色的劳动教育模式,创新体制机制,注重教育实效,实现知行合一,促进学生形成正确的世界观、人生观、价值观。

（三）基本原则

——把握育人导向。坚持党的领导，围绕培养担当民族复兴大任的时代新人，着力提升学生综合素质，促进学生全面发展、健康成长。把准劳动教育价值取向，引导学生树立正确的劳动观，崇尚劳动、尊重劳动，增强对劳动人民的感情，报效国家，奉献社会。

——遵循教育规律。符合学生年龄特点，以体力劳动为主，注意手脑并用、安全适度，强化实践体验，让学生亲历劳动过程，提升育人实效性。

——体现时代特征。适应科技发展和产业变革，针对劳动新形态，注重新兴技术支撑和社会服务新变化。深化产教融合，改进劳动教育方式。强化诚实合法劳动意识，培养科学精神，提高创造性劳动能力。

——强化综合实施。加强政府统筹，拓宽劳动教育途径，整合家庭、学校、社会各方面力量。家庭劳动教育要日常化，学校劳动教育要规范化，社会劳动教育要多样化，形成协同育人格局。

——坚持因地制宜。根据各地区和学校实际，结合当地在自然、经济、文化等方面条件，充分挖掘行业企业、职业院校等可利用资源，宜工则工、宜农则农，采取多种方式开展劳动教育，避免"一刀切"。

二、全面构建体现时代特征的劳动教育体系

（四）把握劳动教育基本内涵。劳动教育是国民教育体系的重要内容，是学生成长的必要途径，具有树德、增智、强体、育美的综合育人价值。实施劳动教育重点是在系统的文化知识学习之外，有目的、有计划地组织学生参加日常生活劳动、生产劳动和服务性劳动，让学生动手实践、出力流汗，接受锻炼、磨炼意志，培养学生正确劳动价值观和良好劳动品质。

（五）明确劳动教育总体目标。通过劳动教育，使学生能够理解和形成马克思主义劳动观，牢固树立劳动最光荣、劳动最崇高、劳动最伟大、劳动最美丽的观念；体会劳动创造美好生活，体认劳动不分贵贱，热爱劳

动，尊重普通劳动者，培养勤俭、奋斗、创新、奉献的劳动精神；具备满足生存发展需要的基本劳动能力，形成良好劳动习惯。

（六）设置劳动教育课程。整体优化学校课程设置，将劳动教育纳入中小学国家课程方案和职业院校、普通高等学校人才培养方案，形成具有综合性、实践性、开放性、针对性的劳动教育课程体系。

根据各学段特点，在大中小学设立劳动教育必修课程，系统加强劳动教育。中小学劳动教育课每周不少于1课时，学校要对学生每天课外校外劳动时间作出规定。职业院校以实习实训课为主要载体开展劳动教育，其中劳动精神、劳模精神、工匠精神专题教育不少于16学时。普通高等学校要明确劳动教育主要依托课程，其中本科阶段不少于32学时。除劳动教育必修课程外，其他课程结合学科、专业特点，有机融入劳动教育内容。大中小学每学年设立劳动周，可在学年内或寒暑假自主安排，以集体劳动为主。高等学校也可安排劳动月，集中落实各学年劳动周要求。

根据需要编写劳动实践指导手册，明确教学目标、活动设计、工具使用、考核评价、安全保护等劳动教育要求。

（七）确定劳动教育内容要求。根据教育目标，针对不同学段、类型学生特点，以日常生活劳动、生产劳动和服务性劳动为主要内容开展劳动教育。结合产业新业态、劳动新形态，注重选择新型服务性劳动的内容。

小学低年级要注重围绕劳动意识的启蒙，让学生学习日常生活自理，感知劳动乐趣，知道人人都要劳动。小学中高年级要注重围绕卫生、劳动习惯养成，让学生做好个人清洁卫生，主动分担家务，适当参加校内外公益劳动，学会与他人合作劳动，体会到劳动光荣。初中要注重围绕增加劳动知识、技能，加强家政学习，开展社区服务，适当参加生产劳动，使学生初步养成认真负责、吃苦耐劳的品质和职业意识。普通高中要注重围绕丰富职业体验，开展服务性劳动、参加生产劳动，使学生熟练掌握一定劳动技能，理解劳动创造价值，具有劳动自立意识和主动服务他人、服务社会的情怀。中等职业学校重点是结合专业人才培养，增强学生职业荣誉感，提高职业技能水平，培育学生精益求精的工匠精神和爱岗敬业的劳动态度。高等学校要注重围绕创新创业，结合学科和专业积极开展实习实训、专业服务、社会实践、勤工助学等，重视新知识、新技术、新工艺、新方法应用，创造性地解决实际问题，使学生增强诚实劳动意识，积累职业经验，提升就业创业能力，树立正确择业观，具有到艰苦地区和行业工作的奋斗精神，懂得空谈误国、实干兴邦的深刻道理；注重培育公共服务意识，使学生具有面对重大疫情、灾害等危机主动作为的奉献精神。

（八）健全劳动素养评价制度。将劳动素养纳入学生综合素质评价体系，制定评价标准，建立激励机制，组织开展劳动技能和劳动成果展示、劳动竞赛等活动，全面客观记录课内外劳动过程和结果，加强实际劳动技能和价值体认情况的考核。建立公示、审核制度，确保记录真实可靠。把劳动素养评价结果作为衡量学生全面发展情况的重要内容，作为评优评先的重要参考和毕业依据，作为高一级学校录取的重要参考或依据。

三、广泛开展劳动教育实践活动

（九）家庭要发挥在劳动教育中的基础作用。注重抓住衣食住行等日常生活中的劳动实践机会，鼓励孩子自觉参与、自己动手，随时随地、坚持不懈地进行劳动，掌握洗衣做饭等必要的家务劳动技能，每年有针对性地学会1至2项生活技能。鼓励学校（家委会）和社区等组织开展学生生活技能展示活动。学生参加家务劳动和掌握生活技能的情况要按年度记入学生综合素质档案。鼓励孩子利用节假日参加各种社会劳动。家庭要树立崇尚劳动的良好家风，家长要通过日常生活的言传身教、潜移默化，让孩子养成从小爱劳动的好习惯。

（十）学校要发挥在劳动教育中的主导作用。学校要切实承担劳动教育主体责任，明确实施机构和人员，开齐开足劳动教育课程，不得挤占、挪用劳动实践时间。明确学校劳动教育要求，着重引导学生形成马克思主义劳动观，系统学习掌握必要的劳动技能。根据学生身体发育情况，科学设计课内外劳动项目，采取灵活多样形式，激发学生劳动的内在需求和动力。统筹安排课内外时间，可采用集中与分散相结合的方式。组织实施好劳动周，小学低中年级以校园劳动为主，小学高年级和中学可适当走向社会、参与集中劳动，高等学校要组织学生走向社会、以校外劳动锻炼为主。

（十一）社会要发挥在劳动教育中的支持作用。充分利用社会各方面资源，为劳动教育提供必要保障。各级政府部门要积极协调和引导企业公司、工厂农场等组织履行社会责任，开放实践场所，支持学校组织学生参加力所能及的生产劳动、参与新型服务性劳动，使学生与普通劳动者一起经历劳动过程。鼓励高新企业为学生体验现代科技条件下劳动实践新形态、新方式提供支持。工会、共青团、妇联等群团组织以及各类公益基金会、社会福利组织要组织动员相关力量、搭建活动平台，共同支持学生深入城乡社区、福利院和公共场所等参加志愿服务，开展公益劳动，参与社区治理。

四、着力提升劳动教育支撑保障能力

（十二）多渠道拓展实践场所。大力拓展实践场所，满足各级各类学校多样化劳动实践需求。充分利用现有综合实践基地、青少年校外活动场所、职业院校和普通高等学校劳动实践场所，建立健全开放共享机制。农村地区可安排相应土地、山林、草场等作为学农实践基地，城镇地区可确认一批企事业单位和社会机构，作为学生参加生产劳动、服务性劳动的实践场所。建立以县为主、政府统筹规划配置中小学（含中等职业学校）劳动教育资源的机制。进一步完善学校建设标准，学校逐步建好配齐劳动实践教室、实训基地。高等学校要充分发挥自身专业优势和服务社会功能，建立相对稳定的实习和劳动实践基地。

（十三）多举措加强人才队伍建设。采取多种措施，建立专兼职相结合的劳动教育师资队伍。根据学校劳动教育需要，为学校配备必要的专任教师。高等学校要加强劳动教育师资培养，有条件的师范院校开设劳动教育相关专业。设立劳模工作室、技能大师工作室、荣誉教师岗位等，聘请相关行业专业人士担任劳动实践指导教师。把劳动教育纳入教师培训内容，开展全员培训，强化每位教师的劳动意识、劳动观念，提升实施劳动教育的自觉性，对承担劳动教育课程的教师进行专项培训，提高劳动教育专业化水平。建立健全劳动教育教师工作考核体系，分类完善评价标准。

（十四）健全经费投入机制。各地区要统筹中央补助资金和自有财力，多种形式筹措资金，加快建设校内劳动教育场所和校外劳动教育实践基地，加强学校劳动教育设施标准化建设，建立学校劳动教育器材、耗材补充机制。学校可按照规定统筹安排公用经费等资金开展劳动教育。可采取政府购买服务方式，吸引社会力量提供劳动教育服务。

（十五）多方面强化安全保障。各地区要建立政府负责、社会协同、有关部门共同参与的安全管控机制。建立政府、学校、家庭、社会共同参与的劳动教育风险分散机制，鼓励购买劳动教育相关保险，保障劳动教育正常开展。各学校要加强对师生的劳动安全教育，强化劳动风险意识，建立健全安全教育与管理并重的劳动安全保障体系。科学评估劳动实践活动的安全风险，认真排查、清除学生在劳动实践中的各种隐患特别是辐射、疾病传染等，在场所设施选择、材料选用、工具设备和防护用品使用、活动流程等方面制定安全、科学的操作规范，强化对劳动过程每个岗位的管理，明确各方责任，防患于未然。制定劳动实践活动风险防控预案，完善应急与事故处理机制。

五、切实加强劳动教育的组织实施

（十六）加强组织领导。在党委统一领导下，各级政府要把劳动教育摆上重要议事日程，出台相关政策措施，切实解决劳动教育实施过程中的重大问题，做好督促落实。省级政府要加强劳动教育工作的统筹协调，明确市地级、县级政府及有关部门加强劳动教育的职责，推动建立全面实施劳动教育的长效机制。

（十七）强化督导检查。把劳动教育纳入教育督导体系，完善督导办法。对地方各级政府和有关部门保障劳动教育情况以及学校组织实施劳动教育情况进行督导，督导结果向社会公开，同时作为衡量区域教育质量和水平的重要指标，作为对被督导部门和学校及其主要负责人考核奖惩的依据。开展劳动教育质量监测，强化反馈和指导。

（十八）加强宣传引导。引导家长树立正确劳动观念，支持配合学校开展劳动教育。加强劳动教育科学研究，宣传推广劳动教育典型经验。积极宣传企事业单位和社会机构提供劳动教育服务的先进事迹。注重挖掘在抗疫救灾等重大事件中涌现出来的典型人物和事迹，大力宣传不畏艰难、百折不挠、敢于担当的高尚品格。鼓励和支持创作更多以歌颂普通劳动者为主题的优秀作品，大力宣传辛勤劳动、诚实劳动、创造性劳动的典型人物和事迹，弘扬劳动光荣、创造伟大的主旋律，旗帜鲜明地反对一切不劳而获、贪图享乐、崇尚暴富的错误观念，营造全社会关心和支持劳动教育的良好氛围。

附录二

大中小学劳动教育指导纲要（试行）

为深入贯彻习近平总书记关于教育的重要论述，全面贯彻党的教育方针，落实《中共中央、国务院关于全面加强新时代大中小学劳动教育的意见》，加快构建德智体美劳全面培养的教育体系，制定本指导纲要。

一、劳动教育性质和基本理念

（一）劳动教育性质

劳动是创造物质财富和精神财富的过程，是人类特有的基本社会实践活动。劳动教育是发挥劳动的育人功能，对学生进行热爱劳动、热爱劳动人民的教育活动。当前实施劳动教育的重点是在系统的文化知识学习之外，有目的、有计划地组织学生参加日常生活劳动、生产劳动和服务性劳动，让学生动手实践、出力流汗，接受锻炼、磨炼意志，培养学生正确劳动价值观和良好劳动品质。

劳动教育是新时代党对教育的新要求，是中国特色社会主义教育制度的重要内容，是全面发展教育体系的重要组成部分，是大中小学必须开展的教育活动。它具有鲜明的思想性，必须将马克思主义劳动观贯彻始终，强调劳动是一切财富、价值的源泉，劳动者是国家的主人，一切劳动和劳动者都应该得到鼓励和尊重；倡导通过诚实劳动创造美好生活、实现人生梦想，反对一切不劳而获、崇尚暴富、贪图享乐的错误思想。具有突出的社会性，必须加强学校教育与社会生活、生产实践的直接联系，发挥劳动在个人与社会之间的纽带作用,引导学生认识社会,增强社会责任感;同时注重让学生学会分工合作,体会社会主义社会平等、和谐的新型劳动关系。具有显著的实践性,必须面向真实的生活世界和职业世界,引导学生以动手实践为主要方式,在认识世界的基础上,获得有积极意义的价值体验,学会建设世界,塑造自己,实现树德、增智、强体、育美的目的。

(二)劳动教育基本理念

1. 强化劳动观念,弘扬劳动精神。将劳动观念和劳动精神教育贯穿人才培养全过程,贯穿家庭、学校、社会各方面。注重让学生在学习和掌握基本劳动知识技能的过程中,领悟劳动的意义价值,形成勤俭、奋斗、创新、奉献的劳动精神。

2. 强调身心参与,注重手脑并用。把握劳动教育的根本特征,让学生面对真实的个人生活、生产和社会性服务任务情境,亲历实际的劳动过程,善于观察思考,注重运用所学知识解决实际问题,提高劳动质量和效率。

3. 继承优良传统,彰显时代特征。在充分发挥传统劳动、传统工艺项目育人功能的同时,紧跟科技发展和产业变革,准确把握新时代劳动工具、劳动技术、劳动形态的新变化,创新劳动教育内容、途径、方式,增强劳动教育的时代性。

4. 发挥主体作用,激发创新创造。关注学生劳动过程中的体验和感悟,引导学生感受劳动的艰辛和收获的快乐,增强获得感、成就感、荣誉感。鼓励学生在学习和借鉴他人丰富经验、技艺的基础上,尝试新方法、探索新技术,打破僵化思维方式,推陈出新。

二、劳动教育目标和内容

(一)总体目标

准确把握社会主义建设者和接班人的劳动精神面貌、劳动价值取向和劳动技能水平的培养要求,全面提高学生劳动素养,使学生:

树立正确的劳动观念。正确理解劳动是人类发展和社会进步的根本力量，认识劳动创造人、劳动创造价值、创造财富、创造美好生活的道理，尊重劳动，尊重普通劳动者，牢固树立劳动最光荣、劳动最崇高、劳动最伟大、劳动最美丽的思想观念。

具有必备的劳动能力。掌握基本的劳动知识和技能，正确使用常见劳动工具，增强体力、智力和创造力，具备完成一定劳动任务所需要的设计、操作能力及团队合作能力。

培育积极的劳动精神。领会"幸福是奋斗出来的"内涵与意义，继承中华民族勤俭节约、敬业奉献的优良传统，弘扬开拓创新、砥砺奋进的时代精神。

养成良好的劳动习惯和品质。能够自觉自愿、认真负责、安全规范、坚持不懈地参与劳动，形成诚实守信、吃苦耐劳的品质。珍惜劳动成果，养成良好的消费习惯，杜绝浪费。

（二）主要内容

主要包括日常生活劳动、生产劳动和服务性劳动中的知识、技能与价值观。日常生活劳动教育立足个人生活事务处理，结合开展新时代校园爱国卫生运动，注重生活能力和良好卫生习惯培养，树立自立自强意识。生产劳动教育要让学生在工农业生产过程中直接经历物质财富的创造过程，体验从简单劳动、原始劳动向复杂劳动、创造性劳动的发展过程，学会使用工具，掌握相关技术，感受劳动创造价值，增强产品质量意识，体会平凡劳动中的伟大。服务型劳动教育让学生利用知识、技能等为他人和社会提供服务，在服务型岗位上见习实习，树立服务意识，实践服务技能；在公益劳动、志愿服务中强化社会责任感。

（三）学段要求

1. 小学

低年级：以个人生活起居为主要内容，开展劳动教育，注重培养劳动意识和劳动安全意识，使学生懂得人人都要劳动，感知劳动乐趣，爱惜劳动成果。指导学生：（1）完成个人物品整理、清洗，进行简单的家庭清扫和垃圾分类等，树立自己的事情自己做的意识，提高生活自理能力；（2）参与适当的班级集体劳动，主动维护教室内外环境卫生等，培养集体荣誉感；（3）进行简单手工制作，照顾身边的动植物，关爱生命，热爱自然。

中高年级：以校园劳动和家庭劳动为主要内容开展劳动教育，体会劳动光荣，尊重普通劳动者，初步养成热爱劳动、热爱生活的态度。指导学生：（1）参与家居清洁、收纳整理，制作简单的家常餐等，每年学会1—2项生活技能，增强生活自理能力和勤俭节约意识，培养家庭责任感；（2）参加校园卫生保洁、垃圾分类处理、绿化美化等，适当参加社区环保、公共卫生等力所能及的公益劳动，增强公共服务意识；（3）初步体验种植、养殖、手工制作等简单的生产劳动，初步学会与他人合作劳动，懂得生活用品、食品来之不易，珍惜劳动成果。

2. 初中

兼顾家政学习、校内外生产劳动、服务性劳动，安排劳动教育内容，开展职业启蒙教育，体会劳动创造美好生活，养成认真负责、吃苦耐劳的劳动品质和安全意识，增强公共服务意识和担当精神。让学生：（1）承担一定的家庭日常清洁、烹饪、家居美化等劳动，进一步培养生活自理能力和习惯，增强家庭责任意识；（2）定期开展校园包干区域保洁和美化，以及助残、敬老、扶弱等服务性劳动，初步形成对学校、社区负责任的态度和社会公德意识；（3）适当体验包括金工、木工、电工、陶艺、布艺等项目在内的劳动及传统工艺制作过程，尝试家用器具、家具、电器的简单修理，参与种植、养殖等生产活动，学习相关技术，获得初步的职业体验，形成初步的生涯规划意识。

3. 普通高中

注重围绕丰富职业体验，开展服务性劳动和生产劳动，理解劳动创造价值，接受锻炼、磨炼意志，具有劳动自立意识和主动服务他人、服务社会的情怀。指导学生：（1）持续开展日常生活劳动，增强生活自理能力，固化良好劳动习惯；（2）选择服务型岗位，经历真实的岗位工作过程，获得真切的职业体验，培养职业兴趣；积极参加大型赛事、社区建设、环境保护等公益活动、志愿服务，强化社会责任意识和奉献精神；（3）统筹劳动教育与通用技术课程相关内容，从工业、农业、现代服务业以及中华优秀传统文化特色项目中，自主选择1~2项生产劳动，经历完整的实践过程，提高创意物化能力，养成吃苦耐劳、精益求精的品质，增强生涯规划的意识和能力。

4. 职业院校

重点结合专业特点，增强职业荣誉感和责任感，提高职业劳动技能水平，培育积极向上的劳动精神和认真负责的劳动态度。组织学生：（1）持续开展日常生活劳动，自我管理生活，增强劳动自立自强的意识和能力；（2）定期开展校内外公益服务性劳动，做好校园环境秩序维护，运用专业技能为社会、为他人提供相关公益服务，培育社会公德，厚植爱国爱民的情怀；（3）依托实习实训，参与真实的生产劳动和服务性劳动，增强职业认同感和劳动自豪感，提升创意物化能力，培育不断探索、精益求精、追求卓越的工匠精神和爱岗敬业的劳动态度，坚信"三百六十行，行行出状元"，体认劳动不分贵贱，任何职业都很光荣，都能出彩。

5. 普通高等学校

强化马克思主义劳动观教育，注重围绕创新创业，结合学科专业开展生产劳动和服务性劳动，积累职业经验，培育创造性劳动能力和诚实守信的合法劳动意识。使学生：（1）掌握通用劳动科学知识，深刻理解马克思主义劳动观和社会主义劳动关系，树立正确的择业就业创业观，具有到艰苦地区和行业工作的奋斗精神；（2）巩固良好日常生活劳动习惯，自觉做好宿舍卫生保洁，独立处理个人生活事务，积极参加勤工助学活动，提高劳动自立自强能力；（3）强化服务性劳动，自觉参与教室、食堂、校园场所的卫生保洁、绿化美化和管理服务等，结合"三支一扶"、大学生志愿服务西部计划、"青年红色筑梦之旅""三下乡"等社会实践活动开展服务性劳动，强化公共服务意识和面对重大疫情、灾害等危机主动作为的奉献精神；(4) 重视生产劳动锻炼，积极参加实习实训、专业服务和创新创业活动，重视新知识、新技术、新工艺、新方法的运用，提高在生产实践中发现问题和创造性解决问题的能力，在动手实践的过程中创造有价值的物化劳动成果。

三、劳动教育途径、关键环节和评价

（一）劳动教育途径

将劳动教育纳入人才培养全过程，丰富、拓展劳动教育实施途径。

1. 独立开设劳动教育必修课

在大中小学设立劳动教育必修课程。中小学劳动教育课平均每周不少于1课时，用于活动策划、技能指导、练习实践、总结交流等，与通用技术和地方课程、校本课程等有关内容进行必要统筹。职业院校开设劳动专题教育必修课，不少于16学时；主要围绕劳动精神、劳模精神、工匠精神、劳动组织、劳动安全和劳动法规等方面设计。普通高等学校要将劳动教育纳入专业人才培养方案，明确主要依托的课程，可在已有课程中专设劳动教育模块，也可专门开设劳动专题教育必修课，本科阶段不少于32学时；课程内容应加强马克思主义劳动观教育，普及与学生职业发展密切相关的通用劳动科学知识，并经历必要的实践体验。

2. 在学科专业中有机渗透劳动教育

中小学道德与法治（思想政治）、语文、历史、艺术等学科要有重点地纳入劳动创造人本身、劳动创造历史、劳动创造世界、劳动不分贵贱等马克思主义劳动观，纳入歌颂劳模、歌颂普通劳动者的选文选材，纳入阐释勤劳、节俭、艰苦奋斗等中华民族优良传统的内容，加强对学生辛勤劳动、诚实劳动、合法劳动等方面的教育。数学、科学、地理、技术、体育与健康等学科要注重培养学生劳动的科学态度、规范意识、效率观念和创

新精神。

职业院校要将劳动教育全面融入公共基础课，要强化马克思主义劳动观、劳动安全、劳动法规教育。专业课在进行职业劳动知识技能教学的同时，注重培养"干一行爱一行"的敬业精神，吃苦耐劳、团结合作、严谨细致的工作态度。

普通高等学校要将劳动教育有机纳入专业教育、创新创业教育，不断深化产教融合，强化劳动锻炼要求，加强高等学校与行业骨干企业、高新企业、中小微企业紧密协同，推动人才培养模式改革。专业类课程主要与服务学习、实习实训、科学实验、社会实践、毕业设计等相结合开展各类劳动实践，注重分析相关劳动形态发展趋势，强化劳动品质培养。在公共必修课中，要进一步强化马克思主义劳动观教育、劳动相关法律法规与政策教育。

3. 在课外校外活动中安排劳动实践

将劳动教育与学生的个人生活、校园生活和社会生活有机结合起来，丰富劳动体验，提高劳动能力，深化对劳动价值的理解。

中小学每周课外活动和家庭生活中劳动时间，小学1至2年级不少于2小时，其他年级不少于3小时；职业院校和普通高等学校要明确生活中的劳动事项和时间，纳入学生日常管理工作。

大中小学每学年设立劳动周，采用专题讲座、主题演讲、劳动技能竞赛、劳动成果展示、劳动项目实践等形式进行。小学以校内为主，小学高年级可适当安排部分校外劳动；普通中学、职业院校和普通高等学校兼顾校内外，可在学年内或寒暑假安排，以集体劳动为主，由学校组织实施。高等学校也可安排劳动月，集中落实各学年劳动周要求。

4. 在校园文化建设中强化劳动文化

学校要将劳动习惯、劳动品质的养成教育融入校园文化建设之中。要通过制定劳动公约、每日劳动常规、学期劳动任务单，采取与劳动教育有关的兴趣小组、社团等组织形式，结合植树节、学雷锋纪念日、五一劳动节、农民丰收节、志愿者日等，开展丰富的劳动主题教育，营造劳动光荣、创造伟大的校园文化。

要举办"劳模大讲堂""大国工匠进校园"、优秀毕业生报告会等劳动榜样人物进校园活动，组织劳动技能和劳动成果展示，综合运用讲座、宣传栏、新媒体等，广泛宣传劳动榜样人物事迹，特别是身边的普通劳动者事迹，让师生在校园里近距离接触劳动模范，聆听劳模故事，观摩精湛技艺，感受并领悟勤勉敬业的劳动精神，争做新时代的奋斗者。

（二）劳动教育关键环节

各地和学校要注重围绕劳动教育的目标和内容要求，从提高劳动教育的效果出发，把握劳动教育任务的特点，抓住关键环节，选择适宜的劳动教育方式。

1. 讲解说明。围绕劳动为什么、是什么问题，有重点地进行讲解，让学生懂得劳动的意义和价值。加强劳动观念、劳动纪律、劳动相关法律法规的正面引导，指明轻视劳动特别是轻视普通劳动的危害，让学生明辨是非。加强劳动知识技能的讲解，让学生认清事理，掌握实践操作的基本原理、程序、规则，正确使用工具的方法和技术。讲解要与启发思考、示范、练习等结合起来。

2. 淬炼操作。围绕如何做的问题，注重示范与练习，让学生会劳动。强化规范意识，注重从最基本的程序学起，严守规则，避免主观随意。强化质量意识，注重引导学生关注细节，每个步骤、环节都要精准到位。强化专注品质，注重引导学生对操作行为的评估与监控，做到眼到手到心到，有始有终。

3. 项目实践。围绕劳动能力的培养，让学生完成真实、综合任务，经历完整劳动过程。注重劳动价值体认，引导学生从现实生活中发现需求，选择和确定劳动项目。强化规划设计意识，充分发挥学生的主动性、积极性、创造性，引导学生对项目实践进行整体构思，综合运用所学知识、技术，不断优化行动方案。强化身体力行，锤炼意志品质，敢于在困难与挑战中完成行动任务。

4. 反思交流。围绕劳动价值意义的建构，引导学生总结、交流，促进学生形成反思交流习惯。指导学生思考劳动过程和结果与社会进步、个体成长的关联，避免停留在简单的苦乐体验上。组织学生交流分享劳动的体验和收获，肯定具有积极意义的认识，纠正观念上的偏差。将反思交流与改进结合起来，使学生在劳动中获得成长。

5. 榜样激励。围绕劳动的精神追求，树立典型，激发劳动热情。注意遴选、树立多类型榜样，不仅要有大国工匠、劳动模范，还要有身边劳动表现优异的普通劳动者和同学。指导学生从榜样的具体事迹中领悟他们的高尚精神和优良品质。明确要求学生在日常劳动实践中努力向榜样看齐。

（三）劳动教育评价

将劳动素养纳入学生综合素质评价体系。以劳动教育目标、内容要求为依据，将过程性评价和结果性评价结合起来，健全和完善学生劳动素养评价标准、程序和方法，鼓励、支持各地利用大数据、云平台、物联网等现代信息技术手段，开展劳动教育过程监测与纪实评价，发挥评价的育人导向和反馈改进功能。

1. 平时表现评价

要在平时劳动教育实践活动中及时进行评价，以评价促进学生发展。要覆盖各类型劳动教育活动，明确学年劳动实践类型、次数、时间等考核要求。关注学生在劳动教育活动中的实际表现，注重从行为表现中分析把握劳动观念形成情况。以自我评价为主，辅以教师、同伴、家长、服务对象、用人单位等他评方式，指导学生进行反思改进。要指导学生如实记录劳动教育活动情况，收集整理相关制品、作品等，选择代表性的写实记录，纳入综合素质档案，作为学生学年评优评先的重要参考。

2. 学段综合评价

学段结束时，要依据学段目标和内容，结合综合素质档案分析，兼顾必修课学习和课外劳动实践，对劳动观念、劳动能力、劳动精神、劳动习惯和品质等劳动素养发展状况进行综合评定。建立诚信机制，实行写实记录抽查制度，对弄虚作假者在评优评先方面一票否决，性质严重的应依法依规严肃处理。在高中和大学开展志愿者星级认证。高中学校和高等学校要将考核结果作为毕业依据之一。推动将学段综合评价结果作为学生升学、就业的重要参考。

3. 开展学生劳动素养监测

将学生劳动素养监测纳入基础教育质量监测、职业院校教学质量评估和普通高等学校本科教学质量评估。可委托有关专业机构，定期组织开展关于学生劳动素养状况调查，注重学生劳动观念、劳动能力、劳动精神、劳动习惯和品质等的监测。发挥监测结果的示范引导、反馈改进等功能。

四、学校劳动教育的规划与实施

（一）整体规划劳动教育

学校是劳动教育的实施主体，应根据国家相关规定，结合当地和本校实际情况，对劳动教育进行整体设计、系统规划，形成劳动教育总体实施方案。方案要明确劳动教育目标内容、课时安排、主要劳动实践活动安排、劳动教育过程组织与指导及考核评价办法等。同时要基于学生的年段特征、阶段性教育要求，研究制定"学校学年（或学期）劳动教育计划"，对学年、学期劳动教育实践活动作出具体安排，特别是规划好劳动周等集中劳动，细化有关要求。使总体实施方案和学年（或学期）活动计划相互配套、衔接，形成可持续开展的劳动教育实施方案。

学校在劳动教育规划时要注意处理以下几方面的关系：

1. 理论学习和实践锻炼的关系

理论学习和实践锻炼都是劳动教育的必要内容。理论学习重在让学生理解和掌握"劳动创造了人本身""劳动创造世界"等历史唯物主义基本理论主张以及劳动相关法律法规、政策，作为行动的指南。实践锻炼重在将所学知识转化为真正有用的实际本领，形成良好的劳动习惯，弘扬劳动精神。规划劳动教育时，要两者兼顾，坚持以实践锻炼为主，切实保证每一个学生都有必要的劳动实践经历，不能只是口头上喊劳动、课堂上讲劳动。要通过学生实践前的计划构想、实践中的观察思考和实践后的反思交流，加深对有关思想理论、法规政策的理解，实现理论学习和实践锻炼的统一。

2. 劳动教育与其他教育活动的关系

在开足专门劳动教育必修课的同时，中小学劳动教育必修课实践环节中与综合实践活动的社会服务、设计制作、职业体验重叠部分，可整合实施。职业院校、普通高等学校劳动教育中学生生产劳动和服务性劳动可以通过专业实习、实训、创新创业等实践环节完成，日常生活劳动能够通过学生管理落实。

3. 劳动的传统形态与新形态的关系

将日常生活劳动教育贯穿大中小学始终。在安排生产劳动和服务性劳动项目时，中小学要以使用传统工具、传统工艺的劳动为主，引导学生体会劳动人民的艰辛与智慧，传承中华优秀传统文化，兼顾使用新知识、新技术、新工艺、新方法的劳动。职业院校、普通高等学校要注重结合产业新业态、劳动新形态，选择现代农业、工业、服务业项目，提升创造性劳动能力。

（二）劳动教育的组织实施

1. 实施机构和人员

学校要建立健全劳动教育组织实施的工作机制。明确主管校领导，设置机构或明确相关部门负责劳动教育的规划设计、组织协调、资源整合、师资培训、过程管理、总结评价等。

要建立专兼职相结合的劳动教育教师队伍。根据学校劳动教育需要，明确劳动教育责任人，进行劳动教育规划、组织实施、评价等，配齐劳动教育必修课教师，保持教师队伍的相对稳定性。要充分发挥教职员工特别是班主任、辅导员、导师的作用，利用少先队、共青团、党组织以及学生社团等各方面的力量，合力开展劳动教育实践活动。充分利用家长及当地人力资源，聘请相关行业专业人士担任劳动实践指导教师。

2. 劳动安全风险防范与管理

学校要把劳动安全教育与管理作为组织实施的必要内容，强化劳动安全意识，建立健全安全教育与管理并重的劳动安全保障体系。

要依据学生身心发育情况，适度安排劳动强度、时长，切实关注劳动任务及场所设施的适宜性。科学评估劳动实践活动的安全风险，认真排查、清除学生劳动实践中的各种隐患。在场所设施选择、材料选用、工具设备和防护用品使用、活动流程等方面制定安全、科学操作规范，强化劳动过程每个岗位的管理，明确各方责任，防患于未然。制定劳动实践活动风险防控预案，完善应急与事故处理机制。要特别关注劳动过程中的卫生隐患，按照疾控、卫生健康部门及行业有关规定，采取相应措施，切实保护学生的身心健康。鼓励购买劳动教育相关保险。

3. 建立协同实施机制

中小学要推动建立以学校为主导、家庭为基础、社区为依托的协同实施机制，形成共育合力。学校要通过家长会、家长学校、社区宣讲、网络媒体等途径，引导家长树立正确的劳动观；明确家长的劳动教育责任，让家长主动指导和督促孩子完成家庭、社区劳动任务；学校要与相关社会实践基地共同开发并实施劳动教育课程。

职业院校、普通高等学校要建立学校负责规划设计，行业企业社会机构主要负责业务指导，双方共同管理的劳动教育实施机制。通过建立劳模工作室、技能大师工作室，设置荣誉教师、实务导师岗位等，多渠道引入社会力量参与学校劳动教育。要联合社会力量，共建共享稳定的劳动实践基地、校外实习实训基地、各类型创新创业孵化平台，多渠道拓展劳动实践场所。

五、劳动教育条件保障与专业支持

地方教育行政部门要切实加强对劳动教育工作的组织领导，明确机构和人员承担区域推进劳动教育的职责任务，切实加强条件保障、专业支持和督导评估，整体提高大中小学劳动教育质量和水平。

（一）条件建设

1. 丰富和拓展劳动实践场所

地方教育行政部门要统筹规划和配置劳动教育实践资源，满足学校多样化劳动实践需求。充分利用现有综合实践基地、青少年校外活动场所、职业院校和普通高等学校劳动实践场所，建立健全开放共享机制，特别是充分利用职业院校实训实习场所、设施设备，为普通中小学和普通高等学校提供所需要的服务。可安排一批土地、山林、草场等作为学农实践基地，确认一批厂矿企业作为学工实践基地，认定一批城乡社区、福利院、医院、博物馆、科技馆、图书馆等事业单位、社会机构、公共场所作为服务性劳动基地。推动学校充分利用校内学习、生活有关场所，逐步建好配齐劳动技术实践教室、实训基地，丰富劳动教育资源。

2. 加强师资队伍建设

要明确劳动课教师管理要求，保障劳动课教师在绩效考核、职称评聘、评先评优、专业发展等方面与其他专任教师享受同等待遇。推动中小学、职业院校与普通高等学校建立师资交流共享机制，发挥职业院校教师的专业优势，承担普通学校劳动教育教学任务。建立劳动课教师特聘制度，为学校聘请具有实践经验的社会专业技术人员、劳动模范等担任兼职教师创造条件。

高等学校要加强劳动教育师资培养，有条件的院校开设劳动教育相关专业。把劳动教育纳入教育行政干部、校长、教师、辅导员培训内容，开展全员培训，强化劳动意识、劳动观念，提升劳动教育的自觉性。对承担劳动教育课程的教师进行专项培训，提升劳动育人意识和专业化水平。

3. 健全经费投入机制

各地要统筹中央补助资金和自有财力，多种形式筹措资金，加快建设校内劳动教育场所和校外劳动教育实践基地，加强学校劳动教育设施建设，建立学校劳动教育器材、耗材补充机制。学校可按照规定统筹安排公用经费等资金开展劳动教育，可采取政府购买服务方式，吸引社会力量提供劳动教育服务。

（二）加强专业研究和指导

1. 加强劳动教育研究与指导

在全国教育科学规划、教育部人文社会科学研究项目中支持劳动教育研究。地方教育行政部门鼓励和支持相关机构设立劳动教育研究项目。设立一批试验区或试验学校，注重开展跟踪研究、行动研究。举办论坛讲座，营造良好学术氛围。

各级中小学教研机构要配备劳动教育教研员，组织开展专题教研、区域教研、网络教研，通过协同创新、校际联动、区域推进，提高劳动教育整体实施水平。鼓励高等学校依托有关专业机构开展劳动教育教学研究。

2. 组织开展劳动教育课程资源研发

基于劳动教育教学的实际需要，省级教育行政部门明确中小学劳动实践指导手册编写要求，体现"一纲多本"，满足不同地区学校的多样化需求，负责组织审查。职业院校可组织编写劳动精神、劳模精神、工匠精神专题读本，由编写院校或委托专业机构进行审查。鼓励学校、学术团体、专业机构等收集整理反映劳动先进人物事迹和精神的影视资料，组织研发展示劳动过程、劳动安全要求的数字资源，梳理遴选来自教学一线的典型案例和鲜活经验，形成分学段、分专题的劳动教育课程资源包，促进优质资源的共享与使用。

（三）督导评估与激励

1. 加强对学校劳动教育实施情况的督查

把劳动教育纳入教育督导体系，完善督导办法。对地方各级人民政府和有关部门保障劳动教育情况进行督导。对学校劳动教育开课率、学生劳动实践组织的有序性，教学指导的针对性，保障措施的有效性等进行督查和指导。督导结果要向社会公开，作为衡量区域教育质量和水平的重要指标，作为对被督导部门和学校及其主要负责人考核奖惩的依据。

2. 建立健全劳动教育激励机制

在国家级、省级教学成果奖励中，将劳动教育教学成果纳入评奖范围，对优秀成果予以奖励。依托有关专业组织、教科研机构等开展劳动教育经验交流和成果展示活动，激发广大教师实践创新的潜能和动力。积极协调新闻媒体传播劳动光荣、创造伟大思想，大力宣传劳动教育先进学校、先进个人。

主要参考文献

一、著作类

[1] 德可乐利. 比利时德可乐利的新教育法 [M]. 北京：中华书局，1932.

[2] 雅斯贝尔斯. 什么是教育 [M]. 邹进，译. 北京：生活·读书·新知三联书店，1991.

[3] 约翰·杜威. 经验与教育：汉英双语版 [M]. 盛群力，译. 北京：中国轻工业出版社，2016.

[4] 约翰·杜威著，赵祥麟，王承绪. 杜威教育论著选 [M]. 上海：华东师范大学出版社，1981.

[5] 马卡连柯. 马卡连柯全集 [M]. 北京：人民教育出版社，1957.

[6] 苏霍姆林斯基. 少年的教育和自我教育 [M]. 姜励群，吴福生，张渚城，等译. 北京：北京出版社，1984.

[7] 苏霍姆林斯基. 帕夫雷什中学 [M]. 赵玮，王义高，蔡兴文，等译. 北京：教育科学出版社，1983.

[8] 苏霍姆林斯基. 论劳动教育 [M]. 萧勇，杜殿坤，等译. 长沙：湖南教育出版社，1987.

[9] 苏霍姆林斯基. 关于全面发展教育的问题 [M]. 王家驹，张渭城，杜殿坤，等译. 长沙：湖南教育出版社，1984.

[10] 中国百科大辞典编撰委员会. 中国百科大辞典：普及版 [M]. 北京：中国大百科全书出版社，2005.

[11] EPSTEIN, SHELDON, SANDERS. 学校、家庭和社区合作伙伴：行动手册 [M]. 吴重涵，薛惠娟，译. 南昌：江西教育出版社，2013.

[12] 李琦. 劳动教育实践活动手册 [M]. 北京：电子工业出版社，2020.

[13] 艾德才. 计算机软件技术基础 [M]. 北京：中国水利水电出版社，2000.

[14] 北京师联教育科学研究所. 职业教育思想与《劳作学校要义》选读 [M]. 北京：中国环境科学出版社，2006.

[15] 斯蒂格勒. 技术与时间：爱比米修斯的过失 [M]. 裴程，译. 南京：译林出版社，2012.

[16] 本社编委会. 教师百科辞典 [M]. 北京：社会科学文献出版社，1987.

[17] 曾天山，顾建军. 劳动教育论 [M]. 北京：教育科学出版社，2020.

[18] 中共中央文献研究室. 邓小平同志论教育 [M]. 北京：人民教育出版社，1990.

[19] 丁锦宏. 学校教育发展 [M]. 北京：高等教育出版社，2015.

[20] 杜威. 平民主义与教育 [M]. 常道，直译. 福州：福建教育出版社，2016.

[21] 冯川. 黑格尔《法哲学原理》的道德哲学研究 [M]. 北京：中国社会科学出版社，2013.

[22] 高平叔. 蔡元培教育论集 [M]. 长沙：湖南教育出版社，1987.

[23] 高时良，黄仁贤. 教育名著评介 [M]. 福州：福建教育出版社，2012.

[24] 顾明远. 教育大辞典 [M]. 上海：上海教育出版社，1991.

［25］顾明远．中外教育思想概览［M］．广州：广东教育出版社，2009．

［26］郭晓滨．教育的艺术［M］．大连：辽宁师范大学出版社，2005．

［27］韩光道．思政课学生主体实践性教学研究［M］．武汉：华中科技大学出版社，2014．

［28］何东昌．中华人民共和国重要教育文献［M］．北京：新世界出版社，1998．

［29］洪明．回到家庭谈德育［M］．北京：中国青年出版社，2014．

［30］华东师范大学教育系．现代西方资产阶级教育思想流派论著选［M］．北京：人民教育出版社，1980．

［31］黄云明．马克思劳动伦理思想的哲学研究［M］．北京：人民出版社，2015．

［32］江泽民文选［M］．北京：人民出版社，2006．

［33］姜椿芳，梅益．中国大百科全书：教育［M］．北京：中国大百科全书出版社，1994．

［34］李大钊选集［M］．北京：人民出版社，1959．

［35］李锐．三十岁以前的毛泽东［M］．北京：人民出版社，1993．

［36］刘向兵．劳动的名义［M］．北京：中国工人出版社，2018．

［37］卢梭．爱弥儿：论教育［M］．北京：商务印书馆，1978．

［38］路丽梅，王群会，江培英．新编汉语《辞海》［M］．北京：光明日报出版社，2012．

［39］洛克．教育漫话［M］．北京：人民教育出版社，1963．

［40］中共中央马克思恩格斯列宁斯大林著作编译局．马克思恩格斯全集［M］．北京：人民出版社，1982．

［41］马克思．资本论［M］．北京：人民出版社，2004．

［42］马唯杰．劳动伦理研究［M］．苏州：苏州大学出版社，2017．

［43］毛泽东选集［M］．北京：人民出版社，1991．

[44] 孟捷, 冯金华. 劳动价值新论 [M]. 北京: 中国人民大学出版社, 2018.

[45] 诺齐克. 无政府、国家与乌托邦 [M]. 北京: 中国社会科学出版社, 1991.

[46] 任钟印, 李文奎. 外国教育通史 [M]. 济南: 山东教育出版社, 1990.

[47] 苏霍姆林斯基. 苏霍姆林斯基选集 [M]. 北京: 教育科学出版社, 2001.

[48] 孙诒让. 墨子间诂 [M]. 孙启治, 点校. 北京: 中华书局, 2001.

[49] 王湘红. 工资制度、劳动关系及收入 [M]. 北京: 中国人民大学出版社, 2012.

[50] 王正平. 中外教育名言集萃 [M]. 北京: 百家出版社, 1989.

[51] 王治芳. 学会陪伴学会爱家长学堂 [M]. 济南: 山东教育出版社, 2020.

[52] 吴式颖. 马卡连柯教育文集 [M]. 北京: 人民教育出版社, 2005.

[53] 吴重涵, 王梅雾, 张俊. 家校合作: 理论、经验与行动 [M]. 南昌: 江西教育出版社, 2013.

[54] 习近平. 习近平谈治国理政: 第三卷 [M]. 北京: 外文出版社, 2020.

[55] 习近平. 在北京大学师生座谈会上的讲话 [M]. 北京: 人民出版社, 2018.

[56] 夏征农. 辞海 [M]. 上海: 上海辞书出版社, 1999.

[57] 徐蓓娜. 少先队活动课区域化实施与管理研究: 以上海市普陀区为例 [M]. 上海: 上海教育出版社, 2019.

[58] 许慎. 说文解字注 [M]. 上海: 上海古籍出版社, 1981.

[59] 斯密. 国民财富的性质和原因的研究 [M]. 北京：商务印书馆, 1972.

[60] 颜元. 颜元集 [M]. 北京：中华书局, 1987.

[61] 于元. 解读劳动价值理论 [M]. 北京：中华工商联合出版社, 2014.

[62] 洛克. 约翰·洛克的家庭教育 [M]. 福州：海峡文艺出版社, 2005.

[63] 云舒. 决定成败的智慧名言7009条 [M]. 南昌：百花洲文艺出版社, 2004.

[64] 张蔚萍. 中国共产党精神文明建设大典 [M]. 北京：红旗出版社, 1999.

[65] 赵祥麟. 外国教育家评传 [M]. 上海：上海教育出版社, 1992.

[66] 中共中央马克思恩格斯列宁斯大林著作编译局. 马克思恩格斯选集 [M]. 北京：人民出版社, 2001.

[67] 中共中央马克思恩格斯列宁斯大林著作编译局. 马克思恩格斯全集 [M]. 北京：人民出版社, 2006.

[68] 中共中央马克思恩格斯列宁斯大林著作编译局. 马克思恩格斯文集 [M]. 北京：人民出版社, 2009.

[69] 中共中央文献研究室. 建国以来重要文献选编 [M]. 北京：中央文献出版社, 2011.

[70] 中共中央文献研究室. 毛泽东文集 [M]. 北京：人民出版社, 1999.

[71] 中共中央文献研究室. 十六大以来重要文献选编 [M]. 北京：中央文献出版社, 2006.

[72] 中华职业教育社. 黄炎培教育文集 [M]. 北京：中国文史出版社, 1995.

[73] 中山秀太郎. 技术史入门 [M]. 姜振寰, 庞铁榆, 译. 哈尔滨：

黑龙江科学技术出版社，1985.

[74] 姜朝晖. 新时代劳动教育：理念与实务 [M]. 北京：知识产权出版社，2021.

[75] 《"四特"教育系列丛书》编委会. 学生劳动素质教育 [M]. 长春：吉林出版集团有限责任公司，2012.

[76] 陈鹏. 小学劳动教育导论 [M]. 北京：北京师范大学出版社，2022.

[77] 孙仲仪，高天. 学生热爱劳动教育与班级主题活动 [M]. 合肥：安徽人民出版社，2012.

[78] 方艳丹. 劳动教育实践活动设计 [M]. 北京：电子工业出版社出版时间，2020.

[79] 杨小军. 新时代高校劳动教育探究 [M]. 北京：中国社会科学出版社，2022.

[80] 严怡. 新时代高校劳动教育指导 [M]. 重庆：西南大学出版社，2022.

[81] 王春喜. 劳动教育我们这样做：中小学劳动教育优秀教学设计 [M]. 广州：广东高等教育出版社，2022.

[82] 檀传宝. 劳动教育论要：现实畸变与起点回归 [M]. 北京：北京师范大学出版社，2020.

[83] 刘青松. 新时代的劳动教育 [M]. 重庆：西南师范大学出版社，2021.

[84] 王飞. 劳动教育的历史考察与现实建构 [M]. 北京：中国社会科学出版社，2022.

[85] 班建武. 新时期劳动教育理论体系建构研究 [M]. 杭州：浙江教育出版社，2020.

[86] 黄建科，邓灶福. 新时代劳动教育与实践 [M]. 北京：中国轻工业出版社，2022.

[87] 安博, 岳建伟. 中小学劳动教育安全指南 [M]. 北京: 工人出版社, 2021.

[88] 何健勇. 劳动教育指导手册 [M]. 北京: 机械工业出版社, 2022.

[89] 梅亚萍. 新时代劳动教育教程: 微课版 [M]. 北京: 人民邮电出版社, 2022.

[90] 关春霞. 劳动教育课程实施与评价 [M]. 北京: 知识产权出版社, 2020.

二、期刊类

[1] 冯孟. 数字劳动时代劳动教育模式重构的逻辑起点、重构路径及实施方案 [J]. 教育与职业, 2023 (5).

[2] 丁宇红. 课程化背景下劳动教育的应然样态: 兼谈劳动新课标学习 [J]. 上海教育科研, 2023 (2).

[3] 王鹏飞, 钱永慧, 杨帆. 新教育视角下的劳动教育理想及其行动路径研究 [J]. 中国电化教育, 2023 (2).

[4] 蔡京华. "双减"背景下课后服务供给中的小学劳动教育课程: 为何与何为: 以"农耕的乐趣"课程为例 [J]. 中国教育学刊, 2023 (2).

[5] 许泽浩, 刁衍斌. 基于系统思维的高校劳动教育人才培养路径探索 [J]. 高教探索, 2023 (1).

[6] 王晓燕, 杨颖东, 孟梦. 全面加强新时代大中小学劳动教育: 习近平总书记关于教育的重要论述学习研究之十三 [J]. 教育研究, 2023, 44 (1).

[7] 孙丹, 徐辉. 苏霍姆林斯基劳动教育培养"真正的人"的三重逻辑与时代价值 [J]. 西南大学学报 (社会科学版), 2023, 49 (1).

[8] 乐晓蓉, 樊熙奇. 智能时代劳动变革与劳动教育的实践理路 [J]. 思想理论教育, 2023 (1).

[9] 黄黎明.新时代劳动教育改革发展成效与未来展望：基于可视化知识图谱分析［J］.教育与职业，2023（1）.

[10] 李建华，韩董馨.劳动教育：教育的密码、成长的钥匙［J］.人民教育，2022（24）.

[11] 李群，贾彦琪，刘永奇."五育并举"视野下的中小学劳动教育课程体系构建［J］.课程·教材·教法，2022，42（12）.

[12] 林建刚，于强.乡村农耕文化的劳动教育价值及其创新发展［J］.民族教育研究，2022，33（5）.

[13] 石初娟.论劳动教育与思政教育协同育人体系构建［J］.中学政治教学参考，2022（43）.

[14] 时伟.大中小学劳动教育课程化的现状、问题与进路［J］.中国教育科学（中英文），2022，5（6）.

[15] 王蓉.生态文明视域下生态劳动教育创新研究［J］.环境工程，2022，40（10）.

[16] 张万玉.新时代劳动教育的三重维度考量［J］.上海师范大学学报（哲学社会科学版），2022，51（5）.

[17] 张阳.新中国成立以来劳动教育事业的理论来源、发展历程与实践指向［J］.教育理论与实践，2022，42（28）.

[18] 王秀杰，邱吉.劳动教育思想的历史嬗变与价值创生进路［J］.河南师范大学学报（哲学社会科学版），2022，49（5）.

[19] 应腾.新时代劳动教育一体化的三重逻辑［J］.学校党建与思想教育，2022（18）.

[20] 赵蒙成.劳动教育为何重要：基于实践哲学的考察［J］.湖南师范大学教育科学学报，2022，21（5）.

[21] 陶凤云，沈紫晴，胡斌武.新时代一体化劳动教育体系：价值导向与实践进路［J］.教育理论与实践，2022，42（25）.

[22] 韩天骄，苏德.劳动教育的本质解构、现实困境与可为路径：

基于身体视域 [J]. 现代教育管理, 2022 (8).

[23] 李俊峰, 王晓岚. 劳动教育基本属性的三重维度 [J]. 教育理论与实践, 2022, 42 (24).

[24] 王红艺. 劳动教育助力高中生生涯规划 [J]. 思想政治课教学, 2022 (8).

[25] 吴嘉佳, 周芳. 新时代高校劳动教育实施的政策逻辑解构 [J]. 中国高等教育, 2022 (Z3).

[26] 李鹏. 劳动教育评价的价值意蕴与优化路径 [J]. 湖北社会科学, 2022 (8).

[27] 黄蓝紫. 新时代中小学劳动教育政策的执行偏差与对策 [J]. 天津师范大学学报 (社会科学版), 2022 (5).

[28] 詹青龙, 孙欣, 李银玲. 混合式劳动教育: 数字时代的劳动教育新形态 [J]. 中国电化教育, 2022 (8).

[29] 张晓芳. 劳动教育的历史逻辑和现实重构 [J]. 中学政治教学参考, 2022 (28).

[30] 刘思源, 杨峻岭. 中国共产党学校劳动教育的历史演进与经验启示 [J]. 北京联合大学学报 (人文社会科学版), 2022, 20 (3).

[31] 李蓬. 新时代劳动教育的逻辑理路 [J]. 中学政治教学参考, 2022 (27).

[32] 唐建荣. 让劳动教育落地生根的"四力"之举 [J]. 中学政治教学参考, 2022 (26).

[33] 曾妮. 劳动教育如何助力乡村振兴？——基于"后发现代化"的视角 [J]. 教育科学研究, 2022 (7).

[34] 赵敏, 汪建华. 新时代劳动教育课程实施的问题与出路 [J]. 课程·教材·教法, 2022, 42 (7).

[35] 张泰源, 韩喜平. 习近平总书记关于劳动教育的重要论述的四维意蕴 [J]. 教育研究, 2022, 43 (6).

[36] 张翔, 李琳, 舒欢. 位育视角下乡村学校劳动教育的价值意蕴与行动逻辑 [J]. 教育理论与实践, 2022, 42 (17).

[37] 李洪修, 刘笑. 数字时代劳动教育发展的理论逻辑与实践路径 [J]. 天津师范大学学报 (社会科学版), 2022 (4).

[38] 陈攀, 陈春萍, 刘翔. 新时代高校深化劳动教育的"三新"发展路径论析 [J]. 湖南科技大学学报 (社会科学版), 2022, 25 (3).

[39] 张策华. 新时代劳动教育的价值追求和实践进路 [J]. 江苏社会科学, 2022 (3).

[40] 李仙娥. 习近平劳动教育观研究 [J]. 理论学刊, 2022 (3).

[41] 时伟. 劳动教育的逻辑透视 [J]. 学术界, 2022 (5).

[42] 陶青. 社会问题视域下的学校劳动教育 [J]. 学术界, 2022 (5).

[43] 冯永刚, 师欢欢. 新时代劳动教育的价值意蕴及其实现 [J]. 陕西师范大学学报 (哲学社会科学版), 2022, 51 (3).

[44] 俞晓东. 论中小学劳动教育的"三要" [J]. 上海教育科研, 2022 (5).

[45] 刘力波, 韦晰玄. 人的现代化视域下新时代劳动教育路径探索 [J]. 教育科学研究, 2022 (5).

[46] 李昕潞, 陈云奔. 马克思实践哲学视域下劳动教育的价值应然 [J]. 黑龙江高教研究, 2022, 40 (6).

[47] 李正军, 代承轩, 文春风. 全面推进新时代大中小学劳动教育一体化建设 [J]. 中国高等教育, 2022 (9).

[48] 晋英, 王爱玲. 劳动教育研究30年: 回顾与展望 [J]. 教育理论与实践, 2022, 42 (7).

[49] 吕文丽. 乡村振兴背景下劳动教育路径创新研究 [J]. 中国果树, 2022 (4).

[50] 班建武. 基于生活逻辑的劳动教育独立性辩护: 兼论劳动教育

与德智体美四育的关系 [J]. 思想理论教育, 2022 (4).

[51] 班建武. 劳动教育实践中的完整性、系统性与伦理性问题探讨 [J]. 中小学管理, 2022 (4).

[52] 汪豪浩. 省域视野下中小学劳动教育的现实困境与突破路径 [J]. 中小学管理, 2022 (4).

[53] 曲霞, 刘大凯. 超越与建构: 实现劳动技术向劳动教育的课程转型 [J]. 中小学管理, 2022 (4).

[54] 韩巍. 新型城镇化背景下农村转移劳动教育研究 [J]. 农业经济问题, 2022 (3).

[55] 张晓楠. 融合劳动教育的思政课操作策略 [J]. 中学政治教学参考, 2022 (11).

[56] 罗生全, 张雪. 劳动教育课程的理念形态及系统构建 [J]. 广州大学学报 (社会科学版), 2022, 21 (2).

[57] 位涛, 刘铁芳. 劳动意涵的历史演变与劳动教育的当代实践 [J]. 国家教育行政学院学报, 2022 (3).

[58] 李欢. 新中国成立初期学校劳动教育的实践探索与经验启示 [J]. 兰州学刊, 2022 (4).

[59] 曾吴丹. 劳动教育乡村基地创立路径研究 [J]. 中国果树, 2022 (3).

[60] 夏剑, 陈江宁. 乡村学校劳动教育的时代意蕴、现实困境与可能路径 [J]. 教育理论与实践, 2022, 42 (7).

[61] 雷明贵. 以新时代劳动教育照亮乡村孩子成长之路 [J]. 中小学管理, 2022 (3).

[62] 杜成林, 夏军. 劳动教育培育四维度 [J]. 思想政治课教学, 2022 (2).

[63] 潘建华, 严淑琴. 劳动教育的价值守望: 一项自我民族志研究 [J]. 职业技术教育, 2022, 43 (6).

[64] 赵蒙成. 新时代劳动教育的本体价值与实践进路 [J]. 现代教育管理, 2022 (2).

[65] 刘泰洪. 劳动教育实践中的劳动伦理及构建 [J]. 中国大学教学, 2022 (Z1).

[66] 徐用祺. 新时代中小学劳动教育目标体系的建构：基于扎根理论的质性分析 [J]. 上海教育科研, 2022 (2).

[67] 肖绍明. 劳动教育的文化研究 [J]. 华东师范大学学报（教育科学版）, 2022, 40 (2).

[68] 李宇杰, 赵婉斐. 基于生活教育理论的高校劳动教育探析 [J]. 思想教育研究, 2022 (1).

[69] 欧志鹏. 劳动教育的理论基础与现实逻辑 [J]. 中学政治教学参考, 2022 (2).

[70] 蔡敏. 劳动教育融入中小学思政课教学的实施路径 [J]. 中学政治教学参考, 2022 (1).

[71] 孙红军. 当前劳动教育实施中的突出问题及对策 [J]. 中小学管理, 2022 (1).

[72] 李仙娥, 刘跃强. 劳动教育融入大中小学思政课的侧重点探究 [J]. 人民论坛, 2021 (36).

[73] 牛平德. 劳动教育两维度 [J]. 思想政治课教学, 2021 (12).

[74] 倪素香, 吴题. 论劳动教育的着力点与时代新人的培养 [J]. 马克思主义理论学科研究, 2021, 7 (12).

[75] 宫长瑞, 卜凡钦. 中国共产党劳动教育的百年历程和经验 [J]. 教育学术月刊, 2021 (12).

[76] 周召婷, 阎亚军. 具身劳动教育：学校劳动教育的一种样态 [J]. 教育学术月刊, 2021 (12).

[77] 陈静. 新时代劳动教育评价的三重逻辑 [J]. 中国考试, 2021 (12).

[78] 许瑞芳, 张宜萱. 具身认知视角下的劳动教育审视: 基础、价值与路径 [J]. 教育发展研究, 2021, 41 (22).

[79] 王红, 向艳. 新时代劳动教育教师的专业素质结构研究 [J]. 教育发展研究, 2021, 41 (22).

[80] 姜宇航. 劳动教育专任教师的关键能力及养成路径 [J]. 江西师范大学学报 (哲学社会科学版), 2021, 54 (6).

[81] 张振林, 邱海燕. 论苏霍姆林斯基劳动教育思想的教育功能 [J]. 中学政治教学参考, 2021 (43).

[82] 王彩芳. 劳动教育实践育人平台的优势分析 [J]. 人民论坛, 2021 (32).

[83] 谢妮. 劳动教育的身体基础和社会情境 [J]. 贵州师范大学学报 (社会科学版), 2021 (6).

[84] 金哲, 陈恩伦. 新时代劳动教育的育人逻辑与实践路径探索 [J]. 贵州师范大学学报 (社会科学版), 2021 (6).

[85] 班建武. 新时代劳动教育社会支持的现实挑战及应对路径 [J]. 中国电化教育, 2021 (11).

[86] 曾妮. 论劳动教育中的"体验"及其关键环节 [J]. 中国电化教育, 2021 (11).

[87] 刘向兵, 曲霞. 党史百年历程中劳动教育的功能及其实现 [J]. 教育研究, 2021, 42 (10).

[88] 潘琼, 黄勇樽, 黄小媚. 劳动教育融入思想政治课教学的路径 [J]. 中学政治教学参考, 2021 (39).

[89] 王惠颖. 人工智能时代劳动教育的三重转向与实施路径 [J]. 南京社会科学, 2021 (10).

[90] 程豪, 李家成. 家校社协同推进劳动教育: 交叠影响域的立场 [J]. 中国电化教育, 2021 (10).

[91] 吴玉剑. 论劳动教育与时代新人培养 [J]. 教育理论与实践,

2021, 41 (27).

[92] 张利钧, 赵慧勤, 张慧珍. 新时代劳动教育: 内涵特征与价值意蕴 [J]. 教育理论与实践, 2021, 41 (26).

[93] 孙进, 陈囡. 跨学科与实践性: 德国劳动教育教师培养模式探析 [J]. 比较教育研究, 2021, 43 (9).

[94] 曲铁华, 张妍. 中国共产党劳动教育课程政策百年: 历程、特点和展望 [J]. 中国教育科学 (中英文), 2021, 4 (5).

[95] 解庆福, 邵志豪. 新时代中学劳动教育课程体系设计探微 [J]. 课程·教材·教法, 2021, 41 (9).

[96] 王明钦, 刘英钦. 新中国成立后中国共产党劳动教育思想的脉络梳理与体系建构 [J]. 河南大学学报 (社会科学版), 2021, 61 (5).

[97] 胡高强. 马克思主义理论视角下农村中小学劳动教育的价值、问题及对策 [J]. 教育理论与实践, 2021, 41 (23).

[98] 胡佳新, 陈诗. 从离身到具身: 中小学劳动教育的转向与实施 [J]. 教育理论与实践, 2021, 41 (23).

[99] 党印, 李珂. 以劳模精神、劳动精神、工匠精神引领新时代劳动教育 [J]. 中国高等教育, 2021 (Z3).

[100] 张铭凯, 黄瑞昕. 知识图谱视界中的劳动教育研究: 回眸与反思 [J]. 天津师范大学学报 (基础教育版), 2021, 22 (4).

[101] 张之旭. 劳动教育的现实角度与起点回归 [J]. 中学政治教学参考, 2021 (30).

[102] 朱志勇. 中小学劳动教育课程体系构建与实施 [J]. 课程·教材·教法, 2021, 41 (8).

[103] 吕晓娟, 李晓漪. 我国劳动教育课程的发展历程、主要成就和实施方略 [J]. 课程·教材·教法, 2021, 41 (8).

[104] 程德慧. 黄炎培劳动教育思想的生成逻辑、科学内涵及当代价值 [J]. 教育与职业, 2021 (14).

[105] 刘向兵, 张清宇. 中国共产党建党百年以来对劳动教育的探索 [J]. 国家教育行政学院学报, 2021 (7).

[106] 田夏彪. 新时代学校劳动教育价值定位及路向审思 [J]. 西南大学学报（社会科学版）, 2021, 47 (4).

[107] 刘永吉. 中国特色劳动教育体系构建的价值导向 [J]. 思想政治课教学, 2021 (6).

[108] 古光甫, 邹吉权. 中国共产党建党百年来劳动教育: 政策变迁、时代内涵及实施路径 [J]. 职教论坛, 2021, 37 (6).

[109] 梁广东. 新时代劳动教育与美好生活实现的关系 [J]. 中学政治教学参考, 2021 (23).

[110] 刘来兵, 陈港. 从异化走向自由: 劳动教育中人的主体性遮蔽与复归 [J]. 教育研究与实验, 2021 (3).

[111] 章振乐. 新时代劳动教育的实践路径 [J]. 人民教育, 2021 (12).

[112] 林秋玉. 劳动教育要着眼于学生全面发展的需要 [J]. 人民教育, 2021 (12).

[113] 刘佳, 王玥玮. 学校劳动教育课程建设的"乡村思路" [J]. 中国教育学刊, 2021 (6).

[114] 吴文君, 王建新. 新时代青年劳动教育的逻辑、特征与发展进路 [J]. 当代青年研究, 2021 (3).

[115] 羊自力. 实践视角下的劳动教育策略 [J]. 中学政治教学参考, 2021 (18).

[116] 刘芳芳, 吴琼. 习近平关于劳动教育重要论述的思想内涵与时代价值 [J]. 内蒙古社会科学, 2021, 42 (3).

[117] 谭轶纱, 简天凤. 劳动教育的家校社协同育人实践 [J]. 中国教育学刊, 2021 (5).

[118] 杨昌义, 鲜文玉. 劳动教育规范实施的基本要求 [J]. 中国教

育学刊，2021（5）.

[119] 郭志明，成建丽. 劳动教育：人全面发展的重要场域：卢梭自然主义劳动教育思想评析［J］. 天津师范大学学报（社会科学版），2021（2）.

[120] 陈南. 劳动教育：思想演变与地位流变：兼论开展劳动教育的时空背景［J］. 南京师大学报（社会科学版），2020（6）.

[121] 宁本涛，孙会平，吴海萍. 我国中小学劳动教育的认知差异及协同对策：基于六省市的实证分析［J］. 教育科学，2020，36（5）.

[122] 林永希，陈中文，史基升. 陶行知劳动教育观对当代中小学劳动教育的启示［J］. 教学与管理，2020（30）.

[123] 王贵. 思政课一体化建设中的劳动教育育人实践［J］. 思想政治课教学，2020（7）.

[124] 何菁. 劳动教育：思想政治课育人的独特价值［J］. 中学政治教学参考，2020（19）.

[125] 程从柱. 劳动教育何以促进人的自由全面发展：基于马克思主义劳动观和人的发展观的考察［J］. 南京师大学报（社会科学版），2020（3）.

[126] 孟凡华. 新时代劳动教育重在何处：新中国成立以来劳动教育政策规定的内在逻辑［J］. 职业技术教育，2020，41（15）.

[127] 张琰，杨玲玲. 彰显劳动教育综合育人价值［J］. 中国高等教育，2020（9）.

[128] 郝志军，哈斯朝勒. 家庭、学校、社会协同是推进劳动教育的根本渠道和途径［J］. 人民教育，2020（8）.

[129] 田慧生. 全方位育人：开启劳动教育新时代［J］. 中小学管理，2020（4）.

[130] 张蕊. 小学劳动教育：家校社三位一体见实效［J］. 中小学管理，2020（4）.

[131] 林克松，熊晴．走向跨界融合：新时代劳动教育课程建设的价值、认识与实践［J］．湖南师范大学教育科学学报，2020，19（2）．

[132] 吴颖惠．劳动教育的育人价值及实践路径［J］．基础教育课程，2020（5）．

[133] 吴昌福．学校劳动教育育人价值的缺失与复归［J］．教育理论与实践，2019，39（34）．

[134] 柳夕浪．全面准确地把握劳动教育内涵［J］．教育研究与实验，2019（4）．

[135] 肖绍明，扈中平．新时代劳动教育何以必要和可能［J］．教育研究，2019，40（8）．

[136] 徐海娇．重构劳动教育的价值空间［J］．中国教育学刊，2019（6）．

[137] 顾建军，毕文健．刍议新时代劳动教育课程的一体化设计［J］．人民教育，2019（10）．

[138] 檀传宝．劳动教育的概念理解：如何认识劳动教育概念的基本内涵与基本特征［J］．中国教育学刊，2019（2）．

[139] 李珂，蔡元帅．陶行知劳动教育思想对新时代加强大学生劳动教育的启示［J］．思想教育研究，2019（1）．

[140] 班建武．"新"劳动教育的内涵特征与实践路径［J］．教育研究，2019，40（1）．

[141] 胡君进，檀传宝．劳动、劳动集体与劳动教育：重思马卡连柯、苏霍姆林斯基劳动教育思想的内容与特点［J］．国家教育行政学院学报，2018（12）．

[142] 徐长发．新时代劳动教育再发展的逻辑［J］．教育研究，2018，39（11）．

[143] 李珂，曲霞．1949年以来劳动教育在党的教育方针中的历史演变与省思［J］．教育学报，2018，14（5）．

[144] 檀传宝. 加强和改进劳动教育是当务之急: 当前我国劳动教育存在的问题、原因及对策 [J]. 人民教育, 2018 (20).

[145] 徐海娇. 劳动教育的价值危机及其出路探析 [J]. 国家教育行政学院学报, 2018 (10).

[146] 胡君进, 檀传宝. 马克思主义的劳动价值观与劳动教育观: 经典文献的研析 [J]. 教育研究, 2018, 39 (5).

[147] 陈理宣, 刘炎欣. 劳动教育与德智体美教育的基础关联和价值彰显 [J]. 中国教育学刊, 2017 (11).

[148] 檀传宝. 劳动教育的本质在于培养劳动价值观 [J]. 人民教育, 2017 (9).

[149] 王连照. 论劳动教育的特征与实施 [J]. 中国教育学刊, 2016 (7).

[150] 冀晓萍. 加强中小学劳动教育 创新高素质人才培养路径: 教育部基础教育一司就《关于加强中小学劳动教育的意见》答本刊记者问 [J]. 人民教育, 2015 (17).

[151] 瞿葆奎. 劳动教育应与体育、智育、德育、美育并列?——答黄济教授 [J]. 华东师范大学学报 (教育科学版), 2005 (3).

[152] 文新华. 论劳动、劳动素质与劳动教育 [J]. 教育研究, 1995 (5).